TIYU YU JIANKANG
体育与健康

主编 潘云亮
主审 湛承鲲　李　平　梁建国

西北工业大学出版社

【内容简介】 本教材是为了适应21世纪中等职业教育的发展,满足新形势下中等职业教育教学改革需要编写而成的。教材共分为两篇四章,内容包括学校体育与健康教育、田径运动、球类运动和娱乐体育运动等。

本教材适合中等职业学校体育教师及学生使用。

图书在版编目(CIP)数据

体育与健康/潘云亮主编.—西安:西北工业大学出版社,2017.9
ISBN 978-7-5612-5657-2

Ⅰ.体… Ⅱ.①潘… Ⅲ.①体育—高等学校—教材 ②健康教育-高等学校-教材 Ⅳ.①G807.4 ②G647.9

中国版本图书馆CIP数据核字(2017)第229320号

策划编辑:李 毅
责任编辑:王瑞霞

出版发行 西北工业大学出版社
通信地址 西安市友谊西路127号 邮编:710072
电 话 (029)88493844 88491757
网 址 www.nwpup.com
印 刷 兴平市博闻印务有限公司
开 本 787 mm×1 092 mm 1/16
印 张 11.5
字 数 199千字
版 次 2017年9月第1版 2017年9月第1次印刷
定 价 28.00元

本教材是根据中华人民共和国教育部2009年1月6日颁发的《中等职业学校体育与健康教学指导纲要》的精神,为了适应21世纪中等职业教育的发展,满足新形势下中等职业教育教学改革需要编写而成的。全教材共分为两篇四章,内容包括学校体育与健康教育、田径运动、球类运动和娱乐体育运动等。

编写本教材的总体思路与指导思想是本着以育人为宗旨,以增强体育意识、学会锻炼方法、提高活动能力、培养锻炼习惯为主线,树立"健康第一"的思想,体现人本主义特征,将体育、娱乐与健康有机融为一体,引导青年学生主动接受体育教育,在欢愉中享受体育乐趣,最终达到"重新学会生存""提高生活质量"和身心健康发展的目的。

本教材具有以下特点:①充实新知识、新的体育运动项目及新理念,简化过多的理论介绍;②突出中等职业教育特点,树立"健康第一"指导思想,增强学生体育技能和方法的培养,兼顾学生个人身体素质及个性爱好需要,培养学生终身从事体育锻炼的意识;③文字叙述精炼,通俗易懂,提纲挈领,图解形象直观。

本教材由潘云亮编写第一章、第二章和附录部分,李晓琰编写第三章第一节,马正圣、肖永编写第三章第二节,刘超编写第三章第三节,陈修彬编写第四章第一节,杨敏编写第四章第二节,贾义军、吴昊编写第四章第三节。编写过程中参考和引用了众多文献、资料,在此向有关作者致以真诚的感谢。

由于水平有限,不妥之处在所难免,恳切希望广大读者给予批评指正。

编　者

2017年7月

基础篇

第一章　学校体育与健康教育 …………………………………………………（3）
　　第一节　学校体育概述 ………………………………………………（3）
　　第二节　学校体育中的健康教育 ……………………………………（5）
第二章　田径运动 …………………………………………………………（9）
　　第一节　跑 ……………………………………………………………（10）
　　第二节　跳跃 …………………………………………………………（19）
　　第三节　投掷 …………………………………………………………（23）
　　第四节　田径运动的规则及考核纲要 ………………………………（26）
第三章　球类运动 …………………………………………………………（33）
　　第一节　足球 …………………………………………………………（33）
　　第二节　篮球 …………………………………………………………（59）
　　第三节　排球 …………………………………………………………（81）

拓展篇

第四章　娱乐体育运动 ……………………………………………………（107）
　　第一节　乒乓球 ………………………………………………………（107）
　　第二节　羽毛球 ………………………………………………………（118）
　　第三节　24式太极拳 …………………………………………………（138）
附录 …………………………………………………………………………（168）
　　附录1　学校体育工作管理制度篇 …………………………………（168）
　　附录2　《国家学生体质健康标准》 …………………………………（171）
倡议书 ………………………………………………………………………（177）
参考文献 ……………………………………………………………………（178）

基础篇

第一章　学校体育与健康教育

第一节　学校体育概述

学校体育是指以在校学生为参与主体的体育活动,通过培养学生的体育兴趣、态度、习惯、知识和能力来增强学生的身体素质,培养学生的道德和意志品质,促进学生的身心健康发展。学校体育是教育的重要组成部分,是计划性、目的性、组织性较强的体育教育活动。

一、学校体育简介

由于社会制度、国家性质和教育目标的不同,各国的学校体育目标也不尽相同。一般有促进学生身体生长发育、增进健康,使学生掌握一定的锻炼身体的知识、方法,培养学生运动的兴趣、能力、习惯以及良好的品行,发展个性等目标。有的国家还将提高运动技术水平和为国防服务作为学校体育目标。中国学校体育的根本目标是通过增强学生的体质、促进其身心健康发展,来提高中华民族的身体素质和为社会主义现代化建设培养德、智、体全面发展的建设者和接班人服务。学校体育包括校内体育和校外体育两部分。

二、学校体育的组成要素

学校体育由5个主要部分构成。

(1)体育教学(以体育课为主要形式)。

(2)课外体育活动(由学校或学生自行组织,以学生体育锻炼为主要内容)。

(3)运动代表队训练和各种形式的体育比赛(如班级赛、校际赛、各类选拔赛,以及参加地区和全国性比赛等)。

(4)早操和课间操(前者多由学生个人或组合自由锻炼,后者多为有组织的徒手体操活动)。

(5)科学的作息和保健措施(旨在保证学生足够的睡眠、休息和锻炼时间,同时要讲究卫生,注意营养,预防疾病发生等)。

三、学校体育的目的

中国学校体育的目的是促进学生身心发展,增强他们的体质,并对他们进行道德品质的教育,使他们能很好地完成学习任务,从事社会主义建设和保卫祖国。要实现这个目的,必须完成以下具体任务:①促进学生身体健康地生长发育,养成学生坐、立、行的正确姿势;促进学生力量、速度、灵敏度、耐力等身体素质的发展,增强学生走、跑、跳跃、投掷、攀援等身体基本活动能力。体育活动大多在室外进行,锻炼学生习于寒暑,能登山、泅水,以增强他们适应自然环境、抵抗疾病、克服困难的能力。②传授体育的基本知识、技能和方法,使学生爱好体育活动,懂得锻炼身体的方法,养成坚持锻炼身体的习惯;对有发展条件的学生进行系统的业余运动训练,为国家发现和培养优秀的体育人才。③结合体育向学生进行道德、品质等精神文明教育。要教育学生认识体育对个人、对民族和国家的重要意义,启发其锻炼身体的自觉性。

四、学校体育的任务

我国学校体育的任务主要包括下述几方面。

(1)促进学生身体正常发育,全面发展身体素质,增强对自然环境的适应能力,增强体质、减少疾病,提高身心健康水平。

(2)学习体育基本知识、技术和技能,掌握锻炼身体的基本原则和科学锻炼身体的方法,养成自觉锻炼身体的习惯,提高自我锻炼的能力,使之终身受益。

(3)对学生进行爱国主义和国际主义教育,培养学生成为有道德、有理想、守纪律、有文化的合格人才;对学生进行思想品德教育,促进个性的发展,提高道德素质和心理健康水平,培养学生团结、勇敢、顽强的精神以及创造力、竞争力、社会公德和较高的体育修养等优良品质。

(4)发展学生的运动才能,提高运动技术水平,为国家培养群众体育骨干和优秀体育人才,促进体育的进一步普及。

五、学校体育的特征

(1)基础性。首先,体育教育在整个教育中具有基础性地位,是德智体美教育的重要组成部分;其次,学校体育的对象是在校学生,身心发育处于关键时期,体育有助于他们的健康成长;再次,学生阶段是生活习惯和行为习惯养成的重要阶段,体育知识的掌握与体育习惯的养成,将为竞技体育和大众体育打下坚实的基础。

(2)普及性。学校体育以全体学生为对象,以全面传授体育知识、普及体育活动为宗旨。

(3)系统性。学校体育遵循学生发育成长的基本规律,并根据教学规律设计教学活动;教师按照循序渐进的原则有计划地指导学生;课余体育同课堂教学一起构成体育活动体系,在潜移默化中实现教学目标。

六、学校体育的项目

学校体育的项目包含男子1 000m跑步、女子800m跑步、立定跳远、跳高、跳绳、仰卧起坐、篮球、足球、排球等。

第二节 学校体育中的健康教育

一、学校体育的发展历程

体育和教育从来就是紧密相连的。体育作为培养人和教育人的必要手段,历来都是教育的重要组成部分。

学校体育是全面发展的组成部分,是培养社会所需人才的重要内容。体育和教育都是人类社会的文化现象,随着人类社会的产生而产生,随着人类社会的发展而发展。同时,它以越来越复杂的形式适应社会发展的需要。

原始社会时期,处于萌芽状态的教育和体育之间没有严格的界限。原始人类传授生产和生活技能的教育目的,往往是通过身体活动的方式去实现的。教育和体育的原始形式处在一个统一体内。

进入奴隶社会以后,为了镇压奴隶的反抗,吞并弱小民族或防备邻国侵袭,维护奴隶主的统治,统治阶级崇尚武力,重视对贵族子弟施行尚武教育和身体训练。因而在学校教育中,体育内容比例很大,地位很高,例如古希腊的学校教育中把体育列为重要内容,奴隶主子弟从小学起就要受到严格的体操和军事训练,学习角力、竞走、跳高、掷标枪和游泳;我国古代周朝为奴隶主子弟设立的学校中,也很重视体育,"六艺"教育中的"射"和"御"都属于体育内容。

在漫长的封建社会里,体育在一般教育中的地位逐渐降低,其内容在整个教育中的比例相对减少,这主要是受重文轻武思想和宗教禁欲主义的束缚和影响。尽管如此,在当时的武士教育中,仍不乏体育的内容。西欧世俗封建主骑士教育的"七技"(击剑、投枪、骑马、游泳、打猎、下棋、吟诗),主要内容都属体育。

近代体育是在欧洲文艺复兴以后发展起来的。随着资产阶级登上历史舞台,近代实验科学和人文科学的发展,以及"三育并重"教育思想的倡行,体育成为一种独立的社会文化现象,并在学校教育体系中越来越受到重视,因而得到迅速的发展。

现代社会生产力的高度发展,特别是新技术革命所带来的社会生产力的新飞跃和社会生活的新变化,对增强社会成员的体质提出了新的、更高的要求,促使学校教育在培养全面发展的新人中发挥出更大的作用。体育作为教育的组成部分也具有了新的特征,出现了新的趋势,如体育教育义务化、体育设施开放化、体育方式多样化、体育手段科学化等等。体育在教育中的重要作用已为更多的人所认识,体育作为一种理论、知识、方法体系已为更多的人所接受。

二、学校体育是国民体育的基础

学校体育是国民体育的基础,对增强民族体质和提高竞技体育水平有重要的战略意义。一个民族的素质,主要包括身体素质、文化素质、心理素质和品德素质。民族体质的强弱,关系到国力强弱和民族兴衰。学生时期是长身体的时期,特别是中小学生正处在生长发育的旺盛时期。人的生长发育水平,受多方面因素的影响。体育锻炼是影响人体生长发育最积极的因素。在学生时期,加强体育锻炼,能促进身体的正常生长发育,全面发展身体,增强体质,为一生的健康打下良好的基础。同时,通过时代的积累,逐步提高民族的体质水平,增长实力,关系到国家的声誉。由于各个运动项目的运动员必须经过多年的系统训练和竞赛,才能达到较高水平,因此,各国都把希望寄托在中小学生身上。实践证明,在学校体育实践中,只有发现体育人才,进行多年的系统训练,打好基础,才能为国家培养和输送优秀运动员提供后备力量。儿童、青少年是各国人口构成的重要部分。因此,学校体育的发展水平,也成为大众体育普及水平的重要标志。同时,学生在学校体育教育中所养成的体育观念、能力和习惯,将有助于他们在踏入社会后,成为大众体育的生力军,从而极大地推动大众体育的发展。

三、学校体育的作用

1. 促进智力发展

学校体育不仅能够使学生的体质得到增强,而且可以促进智力的发展。科学实践证明,坚持锻炼可以提高大脑皮层细胞活动的强度、均衡性和灵活性。通过体育运动,还可以培养敏锐的感知能力,灵活的思维和想象能力,良好的注意力和记忆力。这一切都有利于学生的智力开发,从而有利于他们学习和运用科学文化知识。

2. 培养高尚的思想品德和坚强的意志品质

学校体育有助于培养学生高尚的思想品德和坚强的意志品质。严格的体育教学

第一章 学校体育与健康教育

和训练,可以加强学生的组织性、纪律性,培养学生的集体主义精神。体育教学和训练的对抗性,可以促进学生良好的个性心理的形成,培养良好的意志品质。同时,学校体育还为学生道德行为的表现提供了有利的条件,有助于学生形成良好的道德行为。在体育运动这样一种特殊环境中,学生会努力控制和约束自己的不良行为,表现出良好的道德风貌,从而为形成良好的道德品质和习惯打下基础。

3.对美育的积极作用

学校体育对于美育也有积极作用。它以自己丰富的内容和形式,不仅塑造学生体形的外在美,而且能培养学生的审美情趣。通过提高学生在体育运动中感受美、表现美、创造美的能力,更好地培养学生认识和表现自身在运动方面的美,使学生自我身心得到更加充分、自由、全面的发展。

4.作为娱乐休闲活动

学校体育还是一项高尚的娱乐休闲活动。广大学生在学习科学文化之余参加体育活动,能够使紧张的神经得到松弛,享受运动带来的快乐。这既是一种很好的体脑调剂和恢复手段,又是一种有助于社会主义精神文明建设的业余文化生活。

四、学校体育实现的途径

体育教学是实现学校教育目的的基本途径,也是当前实施向素质教育转轨的重要方面。体育课区别于其他学科课堂的特点是学生处于动态的大环境,并主要以身体练习与思维活动作为教与学的手段、方法。教师如何教,学生就如何学,而讲解又是体育教师传授基本知识、技术、技能最重要的也是最基本的教学手段,同时也是使学生建立正确技术概念的基本途径。因此,教师讲解示范的水平与能力如何,直接影响体育教学的效果。笔者在多年的教学实践中,体会到同样的教材,采用不同的教学方法及讲解示范,达到的效果是绝对不同的。

1.讲解

在体育教学中,教师主要运用语言法、直观法等对学生进行指导,语言法与直观法是互相渗透使用的。语言法主要以讲解实施,讲解是教师在教学中运用语言向学生明确教学任务、动作名称、方法、要领和要求等,使学生能够准确、完整地了解所学技术动作的全过程。

2.示范

在体育教学过程中,示范是指教师把整个技术动作完整地向学生示范一遍,让学生从感性认识上升为理性认识,了解动作的结构、顺序、形象以及要领和方法,从而更

好地进行模仿,形成正确的动作表象。

3. 示范与讲解应结合运用

在体育课堂上,教师的示范是学生感知动作外部形象的基础,而讲解则是让学生了解动作内在规律的重要工具,两者结合运用能够缩短学生对技术动作的认识过程。例如在学习侧手翻时,教师的示范,使学生感知了动作的外部结构——"侧手翻的动作就像一个大圆形平面板直线向前转动"。然后,通过讲解,提出手脚依次落地要成一条线,翻转时空中的动作要成一个平面,这样学生就能模仿教师的动作,并领会"地上一条线,空中一个面"。把示范与讲解结合起来运用,学生就容易领会整个动作规格的要求,从而减少了那些不必要的教学程序,大大缩短了学生对侧手翻技术动作的认识过程。实践证明,在教学过程中,只有把讲解与示范结合起来运用,才能让学生对技术动作建立完整、正确的概念,形成正确的表象,提高练习效率。

在体育教学的过程中,可根据具体情况采用重复示范,并指出动作的重点、难点,或先讲解后示范,也可边讲解边示范。总之,在体育课堂上,讲解和示范必须密切配合,互相依存,互相补充。因此,教师在教学中,要始终贯彻"精讲多练"原则,使学生直观感觉与思维活动有机结合起来,以产生良好效果,提高体育教学质量。

第二章 田径运动

一、田径运动的概念

田径运动是以走、跑、跳跃、投掷等动作形式组成的锻炼身体的手段或按照特定的规则进行比赛的运动项目。田径运动项目分为田赛和径赛两大类。"田"是指一定面积的空地,田赛是在田径场跑道以外的场地或临近空地上进行跳跃和投掷项目,它是用尺丈量高度或远度的项目;"径"是指跑道,在跑道上或在自然环境中举行的竞走和各种形式、各种距离的跑都属于径赛,它是用计时器计取成绩,或在一定时间内走或跑的距离计取成绩的项目。此外,还有由跑、跳跃、投掷项目组成的全能运动,是按其各单项成绩在田径全能运动评分表中得分相加计算成绩。竞技性田径运动项目和以走、跑、跳跃、投掷等锻炼身体的手段,在内容、形式以及一般练习方法上,都有很多相同之处,但两者因根本目的不同而有本质的区别。专门参与竞技性田径运动的运动员,以提高运动成绩,取得竞赛的优胜为根本目的,为此要进行大运动量的训练,最大限度地挖掘人体的潜力,追求高、精、尖的运动技术,在严格的规则和标准化的场地、器材条件下进行训练和比赛;而广大参与田径运动锻炼者,则以增强体质,增进健康,丰富文化生活为目的,因而应遵循健身的原则和方法,依据不同年龄、性别和健康状况,制订健身性的运动"处方",以期逐步养成锻炼的意识和习惯。了解和区别两种不同目的田径运动的实质,才能使我们更好地发挥田径运动锻炼的价值。

二、田径运动的价值

1. 对人体形态和体能的影响

经常参与田径运动,能提高走、跑、跳跃、投掷等人体基本活动能力水平,发展运动系统的功能,以及增强心、肺等内脏器官系统的功能,促进速度、力量、灵敏性、协调性、平衡能力、反应能力等身体素质全面发展。

2.提高人体对外界环境的适应能力

田径运动多在户外进行,人体能更多地接触到日光、空气,这有效地提高了人体对自然环境的适应能力,有益于增进健康。

3.提高心理健康水平和培养意志品质

参与田径运动与其他运动一样,能缓解紧张的学习和工作中的压力,在锻炼时克服困难和历经挫折后,能提高抗挫能力和情绪调节能力。尤其田径运动采取时间、距离、高度和远度等定量性的评定方法,参与者易于及时了解锻炼的效果和进展,从中获得成功的喜悦,提高对体育锻炼的兴趣,逐步养成锻炼的习惯,为终身体育观念打下基础。

4.文化娱乐价值

参加田径运动竞赛,要求遵守规则。在比赛中拼搏进取,战胜自我和对手,不仅是学校体育锻炼的内容,也是一种文化熏陶,有利于提高人的素养。比赛并非都是以竞技为目的的运动,在学校和社会上参加的比赛,可以起到愉悦身心的作用。同时,观赏田径比赛也是一种美的享受。

5.田径是其他运动项目的基础

首先,其他运动项目都离不开跑、跳跃、投掷等动作。其次,田径运动锻炼能有效地发展人体各种身体素质和增强内脏器官系统的功能,对学习和掌握其他运动项目的基本技术有着积极和决定性的作用。因此,很多运动项目都把田径运动作为学习技术动作和体能训练的重要手段。

第一节 跑

跑是人体水平位移的基本形式,是单脚支撑与腾空交替、蹬和摆相互配合的周期性运动。跑中的一个周期是由一个复步(即跑两步)构成的。它经过两个支撑时期和两个腾空时期。支撑时期是从脚着地时起到蹬离地面时止,腾空时期是从脚离地时起到另一脚着地时止。在跑的一个周期中,腿的蹬、摆动作是连贯而不能截然分开的,但为了便于分析,通常以身体重心处于支撑点的垂直上方瞬间为参照,以下肢所处的位置来划分跑时一条腿的动作阶段。将支撑时期分为前支撑和后支撑(后蹬)两个阶段,将腿的摆动时期分为后摆和前摆两个阶段。决定跑速的因素主要是步长和步频。步长是指两脚着地点之间的距离,步频是指单位时间内跑的步数,两者的乘积就是跑的速度。

一、短距离跑

短距离跑是指在较短距离内,以最快速度跑进的方法,是人体的运动器官和内脏器官在大量缺氧条件下进行的练习,反映人体神经系统和运动器官协调发展能力和人体的爆发力、灵敏度、柔软性、反应速度等身体素质发展水平以及人体无氧代谢能力发展水平的跑步方法。按上述对快速跑性质的理解,快速跑以 50m,60m,100m 跑为主。在教育部和国家体育总局颁布的《学生体质健康标准》实施办法中,大学生快速跑测试项目定为 50m 跑,这也是目前国际上通行的测试项目。

(一)短跑的动作要点

短跑技术包括起跑、起跑后加速跑、途中跑和终点跑等紧密相连的阶段。

1.起跑

起跑过程包括"各就位""预备""鸣枪"(或跑的口令)3 个环节(见图 2-1-1)。

图 2-1-1　起跑过程的姿势

在听到"各就位"口令后,走到起跑线前,两手撑在起跑线前地面上,两脚依次踏在起跑器抵足板上,后腿跪地,两手收回,四指并拢与拇指成"八"字形,支撑于起跑线后。此时,两手距离稍宽于肩,身体重心前移,做好"各就位"姿势。听到"预备"口令后,臀部平稳抬起,身体重心前移,形成臀略高于肩,肩部超过起跑线垂直平面的身体姿势,此时,身体重量主要落在两臂和前脚上。在听到枪声或"跑"的口令后,两手迅速推离地面,两臂前后摆动,同时两腿迅速蹬起跑器。后腿蹬离起跑器后,以膝领先向前摆出,同时前腿快速有力地蹬伸髋、膝、踝三关节,把身体向前上方有力地送出。

2.起跑后加速跑

起跑后加速跑的任务是在较短的距离、较少的时间内,发挥个人较高的速度,迅速地转入途中跑。起跑的第一步,步长不宜过大,以免上体过早抬起,加速跑时,两臂有力前后摆动,加快步频。上体前倾角很大,两脚落点左右距离也较宽。以后随着步长和跑速不断增加,上体逐渐抬起,两脚落点也渐趋于一条直线上。当上体达到正常跑的姿势并达到个人较高跑速时,即转入途中跑(见图 2-1-2)。

图 2-1-2 起跑后加速跑的姿势

3. 途中跑和终点跑

途中跑是快速跑全程中距离最长、速度最快的一段距离,其任务是继续发挥和保持高速度跑。途中跑的技术要求是蹬摆结合,协调放松,步幅开阔,保持和加快步频(见图2-1-3)。

后蹬是推动人体前进的主要动力。当身体重心移至撑点垂直上方时,支撑腿立即有力地蹬伸髋、膝、踝关节,直至脚掌蹬离地面,与此同时另一腿屈膝大幅度前摆,带动同侧髋部前移,身体进入腾空阶段(见图2-1-3之6~15)。

图 2-1-3 途中跑和终点跑姿势

腾空开始后参与后蹬的小腿放松,随蹬地后惯性,迅速向大腿靠拢,形成边折叠边摆动的动作。前摆动腿前摆至最大幅度后,大腿积极下压,膝关节放松,小腿随大腿下压的惯性,向前下方摆出,并积极下落成"鞭打"式着地,前脚掌着地后进入前支撑阶段(见图 2-1-3 之 1～5)。

脚掌着地点应靠近身体重心投影点前一至一个半脚掌处。为了缓冲着地力量，髋、膝、踝关节适度弯曲，此时脚掌着地后，带有明显"后扒"动作，屈膝并配合另一腿的积极摆动，身体重心迅速前移。当身体接近垂直时，另一摆动腿大、小腿折叠到最大限度，脚跟几乎接近臀部，缩短了摆动半径，为其快速前摆创造条件，也为支撑腿转入后支撑、加快后蹬动作创造条件。途中跑时，头部正直，上体略前倾，两臂以肩为轴，屈肘前后摆动。快速跑的终点跑，一般可以保持途中跑技术，只是稍加大上体前倾，注意加强两臂的快速摆动。也可在距离终点线一步时，上体急速前倾，以胸部或肩部撞压终点线垂直平面。跑过终点后要逐渐减速，以免跌倒受伤。

从直道进入弯道跑时，身体应有意识地向内倾斜，加大右腿的蹬地力量和摆动幅度，右臂亦相应地加大摆动的力量和幅度，有利于迅速从直道跑进弯道。弯道跑中，身体应向圆心方向倾斜，后蹬时右腿用前脚掌的内侧用力，左腿用前脚掌的外侧用力。弯道跑的蹬地与摆动方向都应与身体向圆心方向倾斜趋于一致(见图 2-1-4)。

图 2-1-4 直道进入弯道跑的姿势

终点跑是全程跑的最后一段，任务是尽力保持途中跑的高速度跑过终点。终点跑的技术要求在离终点线 15～20m 处，尽量保持上体前倾角度，加快两臂摆动的速度和力量。在跑到距离终点线一步时，上体急速前倾用胸部或肩部撞终点线，并跑过终点，然后逐渐减慢跑速。

(二)短距离跑的练习方法

短跑是用最快的速度跑完规定的距离。短跑技术是一个不可分割的完整体，为了便于分析，可把它分为起跑和起跑后的加速跑、途中跑及终点跑 3 部分。

如何提高短跑速度？速度显然是影响短跑成绩的一个重要因素。以 90%～95% 的强度进行 20～60m 跑，每组跑 4～5 次，每次休息 3～6min，进行 2～3 组，这将有助于提高速度。同时，改变短跑的起跑姿势，采取站立式、转身式和行进间起跑，这也有助于提高速度。上面这种提高速度的训练，应在质量良好的，即平坦、干燥、硬度适中的道面上进行。温暖的天气将有利于提高这种训练的效率。冷天气不利于这种训练,但在完成适当的准备活动后也可以进行。

1. 发展步频

最佳时期为11~13岁。侧重于提高肌肉的快速收缩速度,加强对神经系统的兴奋与抑制过程的灵活训练,提高肌肉快速收缩力量与肌肉的放松能力。

训练手段:

(1)高速。大幅度摆动腿,要求在快速摆动中完成合理的折叠技术,摆动腿的大小腿折叠得越紧,半径越小,摆速越快。

(2)加快脚掌着地。速度练习,要求尽可能地缩短腾空时间。

(3)快速摆臂、摆腿练习,要求腿、臂动作协调进行。

2. 发展步长

步长能力的大小主要取决于跑时的后蹬力量、后蹬角度、摆动力量、摆动速度以及髋关节的灵活性等。着重发展大腿的伸肌、屈肌的力量和髋关节的灵活性。

方法:负重换腿跳、负重大步走、负重跑、负重跳台阶、跑台阶、大幅度的跨步跳(要求摆动腿积极下压和小腿由前向后积极着地)、蛙跳、单足跳等练习,提高跑时的后蹬能力。与此同时,采取高抬腿跑、拉橡皮条高抬腿"车轮跑"、收腹跳等训练手段,提高摆动速度,并且采取其他一些训练方法和训练手段,加强髋关节的灵活性和肌肉的伸展性训练。

3. 发展绝对速度

必须注重步长和步频的最佳组合以及跑的技术动作各环节的时间和空间的节奏。

训练方法:

(1)20~40m行进间快跑练习。

(2)4×(25~50)m接力跑,加速跑,追赶跑练习。

(3)下坡跑练习。

(4)顺风跑练习。

各种短段落的变速跑练习:

(1)测时间跑:30~60m,(3~4)次×(2~3)组。

(2)短距离接力跑:2人×50米或4人×50m,(3~4)次×(2~3)组。

(3)短距离追赶跑:60~100m,(3~5)次×3组。

(4)短距离组合跑:(20m+40m+60m+80m+100m)×(2~3)组或(30m+60m+100m+60m+30m)×(2~3)组。

(5)顺风跑或下坡跑:30~60m,(3~4)次×(2~3)组。

(6)短距离变速跑:100~150m(30m快跑＋20m惯性跑＋30m快跑＋20m惯性跑),3次×(2~3)组。

(7)胶带牵引跑:30~60m,(4~5)次×(2~3)组。

(8)反复跑:30~60m,(4~5)次×(2~3)组。

4.发展反应速度和动作速度的训练方法

(1)各种球类运动。

1)双手推滚球,接着起跑追赶滚动球的练习。

2)双手向前上抛出球,接着跑出追赶并接住球的练习。

(2)各种游戏性质的反应练习。

(3)发令或听信号(口令、掌声等)的蹬起跑器的练习;半蹲踞式姿势,听到枪声迅速向上跳起并触及高物。

(4)最快速度的摆臂练习,持续时间5~10~20s。

(5)最高频率的各种形式高抬腿跑,持续时间5~10s。

(6)最快频率的小步跑、半高抬腿跑,距离30~40m。

(7)快速后蹬跑,完成距离50~100m(计时、计步)。

(8)快速跨步跑,完成距离50~100m(计时、计步)。

(9)快速单足跑,完成距离30~60m(计时、计步)。

(10)直立姿势开始,逐渐向前倾斜接着快速跑出。

(11)在2°~3°的斜跑道上,快速完成上坡或下坡加速跑练习,距离40~50m。

(三)起跑器的安装

起跑器安装的方法有"普通式"和"拉长式"两种。通常采用"普通式",前起跑器安装在起跑线后一脚半(约40~45cm)处,后起跑器距离前起跑一脚半。前、后起跑器的支撑面与地面分别成40°~45°角和70°~80°角。两个起跑器的中轴线间隔约15cm。

(四)接力跑

接力跑技术包括短跑技术和传接棒技术。

1.起跑

持棒起跑:第一棒传棒人以右手持棒,采用蹲踞式起跑,按规则接力棒不得触及起跑线和起跑线前的地面。持棒起跑技术和短跑的起跑相同,持棒方法主要有3种(见图2-1-5)。

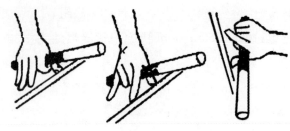

图 2-1-5　起跑时持棒手势

(1)右手的食指握住棒的后部,拇指与此同时与其他三指分开撑地。

(2)右手的中指、无名指握住棒的后部,拇指、食指和小指成三角撑地。

(3)右手的中指、无名指和小指握住棒的后部,拇指和食指分开撑地。

接棒人起跑:接棒人站在接力区后端线或者预跑线内,选定起跑位置,两脚前后开立,两膝弯曲,上体前倾。接棒人应站在跑道外侧,左腿在前,右手撑地保持平衡,身体重心稍偏右边,头部左转,目视传棒人的跑进和自己起动的标志线。当传棒人员跑到标志线时,接棒人员便迅速起跑。

2. 传接棒方法

(1)上挑式。接棒人的手臂自然向后伸出,手臂与躯干成 40°～50°角,掌心向后,拇指与其他四指自然张开,虎口朝下。传棒人将棒向前上方送入接棒人的手中(见图2-1-6①)。

这种传棒方法的优点是接棒人向后下方伸手臂的动作比较自然,传棒人传棒动作也比较自然,容易掌握;缺点是接棒后,手已握在接力棒的中部,如不换手再传给下一棒时,则只能握住接力棒的前部,容易造成掉棒和影响快速前进。

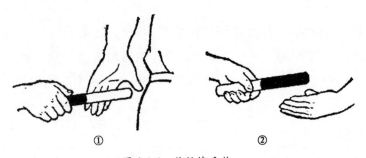

图 2-1-6　传授棒手势

(2)下压式。也有称"向前推送"的传接棒方法,应当强调指出的是,在传棒时,手臂不要太高,而是用手腕动作将棒向前下方推送入接棒队员手中。并且,传棒人可以用手腕动作来调整传棒动作的准确性。因此在做此动作时,接棒人的手臂向后伸出,手臂与躯干成 50°～60°角,手腕内旋,掌心向上,拇指与其他四指自然张开,虎口朝后,传棒人将棒的前端由上向下传给接棒人手中(见图 2-1-6②)。

下压式传接棒技术的优点是每一棒次的接棒,都能握住棒的一端便于持棒快跑;缺点是接棒时,接棒人的手臂比较紧张,不够自然。

二、耐力跑

耐力跑是指在较长的时间内进行的 800m 或 800m 以上距离的跑步。系统参加耐力跑锻炼,能提高和改善呼吸系统及心血管系统功能,能增进健康水平,提高和保持较长时间学习和工作的精力,培养坚毅、顽强的意志品质和勇于克服困难的精神。耐力跑项目可分为中距离跑和长距离跑两种。《学生体质健康标准》规定的中距离耐力跑项目为 1 000m 跑(男)和 800m 跑(女);长距离耐力跑一般指 2 000m 以上距离,属典型有氧代谢运动项目。各种距离跑步的技术基本上是相同的,但因跑步的距离、强度的不同,技术动作上也有差异。一般来讲,跑的距离越长,跑时蹬、摆用力的程度就愈小,腾空时间与支撑时间比值也越小,因而表现出跑的距离越长,步长越短的特点。

耐力跑技术的要求:动作轻松自然,身体重心移动平稳,节奏性强,肌肉用力和放松交替能力好,做到动作既要保持一定的速度(实效性),又能节省能量(经济性)的要求。以 1 000m 跑为例,其全程跑可分为起跑、起跑后加速跑、途中跑和终点跑等阶段。

1. 起跑和起跑后加速跑

起跑和起跑后加速跑,是使参与者身体摆脱静止状态迅速出发,并尽快地发挥正常跑速的过程。耐力跑的起跑,采用站立式起跑。参加人数较多时,起跑前应按顺序集合在起跑线后 3m 处,在听到"各就位"的口令后,迅速走到起跑线后,两脚前后开立,有力的脚在前,紧靠起跑线的后沿,另一脚放在前脚后约一个半脚掌处,两腿弯曲,上体前倾,体重落在前脚上,后脚用前脚掌着地(见图 2-1-7)。

图 2-1-7 起跑和起跑后加速跑姿势

在听到枪声或跑的口令后,两腿用力蹬地,后腿屈膝前摆,两臂配合腿部动作有力摆动,身体迅速向前冲出。进入加速跑时,上体前倾稍大,两腿交换频率较快,跑的速度逐渐增加,然后过渡到途中跑。

2. 途中跑和终点跑

途中跑是耐力跑的主要阶段,其技术动作结构和要求与短跑途中跑技术基本相同。但因跑步的距离、强度的不同,技术动作也有不同的差别(见图2-1-8)。

图2-1-8 途中跑和终点跑姿势(耐力跑)

一般来讲,跑的距离越长,跑时蹬、摆用力的程度就越小,腾空时间与支撑时间的比值也越小,因而表现出跑的距离越长,速度相对减慢,步长越短的特点。在跑的速度上,应根据个人跑步能力和耐久力水平,合理分配体力,一般以匀速跑为宜。耐力跑在途中跑时,能量消耗较大,需氧量增加。因此,掌握正确的耐力跑呼吸方法十分重要。呼吸节奏要与跑的步伐密切配合,一般是采用跑两三步一呼气,跑两三步一吸气的方法,呼吸应有一定的深度。在疲劳时也可采用1步一呼,1步一吸的方法。呼吸时一般用鼻子与半张开的嘴同时进行。冬季或顶风跑时,为避免冷空气和强气流直接刺激咽喉,应将舌尖上翘,微微抵住上腭。终点跑是耐力跑最后一段距离的冲刺跑,是在参与者处于十分疲劳的状态下进行的。这一过程应以顽强的意志动员全身力量,加强摆臂、摆腿与后蹬,以接近短跑的技术要求冲向终点。长距离的耐力跑是典型的有氧运动锻炼项目,是用较慢的跑速,在较长时间内进行身体锻炼的跑步方法。与田径运动长距离跑(5 000m跑、10 000m跑)虽然在形式、动作技术等方面基本相同,但前者不以提高运动成绩为目的,而以锻炼身体、增进健康为目的;而后者则以提高运动专项成绩,夺取比赛名次,体验胜负为目的。两者在锻炼的原则、方法、要求上都有不同,而与当前国内外盛行的健身跑实质上是相一致的。长距离耐力跑的特点是简便易行,对场地要求不高,各种规格的运动场都可以作为锻炼的场所,没有运动场时,在校园里、公园内、树林中、路边、沙滩等处都可进行跑步的锻炼。在长跑锻炼时,要根据学生不同身体情况掌握运动负荷。一般根据锻炼时心率(脉搏)来控制跑的强度。要求学生耐力跑时要频繁地测量自己的心率,心率不能过高也不能过低,心率过高可能产生不良反应,心率过低则锻炼效果小。每个人都有一个最佳的锻炼心率范围。

第二节 跳 跃

田径运动中的跳跃,是人体利用自身的能力(或借助于一定的器材撑杆),通过一定的运动形式,使人体腾空跃过尽可能的高度或远度的运动。田径运动的跳跃项目都是由人体水平位移转变为抛射运动的,而且也都可以划分出助跑、起跳、腾空和落地等阶段。跳跃项目通常有跳高和跳远,此外,还包括三级跳远和撑杆跳高两项。

一、跳远

跳远是古老的竞技项目,也是锻炼身体的手段,经常参加跳远练习,可有效地发展速度、下肢力量、灵敏和协调性等身体素质和内脏器官功能。

跳远的动作要领有下述几方面。

1. 助跑

跳远助跑技术的任务是获得可控制的最大水平速度,为准确踏板起跳做好准备。助跑的距离和所用的步数因人而异。原则上,能较快发挥速度、跳跃能力较强的学生助跳的距离和所用的步数少一些。反之,可适当加长助跑的距离和步数,一般学生可采用17~22m,跑12~14步。确定助跑的距离和方法一般有两种,其一是在跑道上,以个人习惯的加速方式跑30m,反复进行,在同学帮助下,找出预定步数落地脚迹,丈量后转到跳远助跑道验证检查。第二种方法是直接在跳远助跑道上,以起跳板为起点,向反方向试跑,找出预定步数最后一步的脚迹,反复印证后,确定个人的助跑起动点。助跑的技术基本上与短跑相同,要求跑时轻松有力,动作自然,身体重心始终保持较高的部位,助跑的倒数第二步,步长稍大,最后一步稍小,快速放脚着板,进入起跳阶段。

2. 起跳

起跳的任务是尽量减少水平速度的损失,获得必要的垂直向上速度,以适宜的腾起角度向空中腾起。起跳动作包括助跑最后一步起跳腿的放脚、缓冲和蹬伸3个快速连接的过程,助跑最后一步,大腿低抬,起跳脚在身体重心投影点稍前处快速放脚。放脚上板时,以脚跟先着地并快速缓冲到全脚掌。与此同时,身体重心随之前移,在身体的垂直支撑瞬间,身体重心应保持较高的部位。紧接着起跳腿积极蹬伸,摆动腿屈膝上摆、摆臂、提肩、伸腰，相互配合，使身体向前上方伸展，以较大的蹬伸角度腾起，进入腾空阶段（见图2-2-1）。

图 2-2-1 起跳姿势

3.腾空与落地

腾空阶段的任务是维持身体的平衡，为落地创造有利的条件。跳远的腾空姿势有蹲踞式、挺身式及走步式，这里介绍前两种跳远姿势。跳远起跳腾空动作开始，摆动腿屈膝前摆，起跳腿自然放松地留于身体后面，人体在空中飞进，形成"腾空步"动作（见图2-2-2）。

图 2-2-2 腾空姿势

蹲踞式跳远"腾空步"保持时间相对较长，摆动腿膝部抬得较高，两大腿之间的夹角也较大。"腾空步"后，起跳腿向前摆动与摆动腿靠拢，然后两腿一起上举，使膝接近胸部。两臂开始摆动较大，在完成空中蹲踞姿势时，两臂下落。落地前两腿上抬，接着小腿前伸，两臂经体侧摆到身后。落地动作，在脚跟接触沙面后，两腿迅速屈膝，骨盆前移，两臂前摆，使身体重心迅速移过落点，以免后倒或坐于沙坑中（见图2-2-3）。

图 2-2-3 蹲踞式跳远姿势

挺身式跳远起跳后"腾空步"与蹲踞式跳远相同,只是保留"腾空步"的时间稍短。在"腾空步"后,展髋放下摆动腿,起跳腿屈膝前摆向摆动腿靠拢,随之摆动腿向后运动,两臂外展带动肩部后移,挺胸、送髋,使躯干略成反弓形,完成空中挺身姿势。随后,收腹举腿,两臂上举,准备落地。落地动作同蹲踞式(见图2-2-4)。

图2-2-4　挺身式跳远姿势

二、跳高

跳高是一项历史比较悠久的运动项目,和跳远一样都是人体由水平位移转为抛射运动。区别是跳高时人体抛射运动是为了超越高度障碍的运动形式。练习跳高能有效增强下肢力量,提高弹跳能力,发展灵敏性、协调性等身体素质,培养勇敢、顽强、果断等优良意志品质。同时,跳高动作优美,能给人以美的感受。跳高技术在长期发展过程中,曾出现过跨越式、剪式、滚式、俯卧式和背越式5种姿势,这里只介绍跨越式和背越式的基本技术。跳高由助跑、起跳、腾空过杆和下落着地4个阶段组成。

1. 助跑

助跑的任务是获得一定的水平速度,为起跳和腾空过杆创造条件。跳高助跑有直线助跑和弧线助跑两种形式。两种形式的助跑,又都可以分为开始助跑和准备起跳两个阶段。跨越式跳高采用直线助跑形式。其第一阶段助跑,跑3~5步,助跑的技术动作与普通加速跑相同,要求动作放松,富有弹性,节奏鲜明,逐渐加大跑的速度。第二阶段助跑,跑3~4步,要求保持和继续发挥助跑速度,为起跳做好准备。技术动作上要求逐步降低身体重心,蹬地腿屈蹬,摆动腿大幅度前摆,脚跟着地并迅速地滚动到全脚掌,快速后蹬。这段助跑方法通常称为"滚动式"跑法。助跑的倒数第二步,应加大步长做降低身体重心的动作,使身体重心降到助跑阶段中最低的位置。背越式跳高采用弧线助跑形式。其第一阶段3~5步助跑为直线助跑,技术动作要求与跨越式相同。第二阶段进入弧线助跑,身体向内(弧线圆心方向)倾斜。因此,身体重心移动的轨迹与脚的步点轨迹不互相吻合,跑时身体重心自然降低。助跑的最后一步,起跳脚向弧线延长线方向快速插入着地,进入起跳阶段。

2. 起跳

起跳是在助跑取得一定水平速度的基础上,尽可能获得最大垂直速度,改变人体移动方向,使身体充分地向上腾起,为腾空过杆做好准备。跳高的起跳点在靠近助跑方向一端的跳高架1m左右,距横杆投影线60~80cm处。

跨越式跳高,当起跳脚踏上起跳点时,摆动大腿带动小腿积极前摆。当起跳腿缓冲到垂直刹那时,摆动腿与起跳腿大腿几乎处于平行状态。此时人体形成"S"形,像压紧的弹簧一样。随后两腿蹬、摆,结合摆臂动作向上腾起。

背越式跳高起跳点与跨越式跳高起跳点基本相同。当弧线助跑最后一步踏上起跳点时,身体形成向内、向后倾斜姿势,摆动腿已向起跳腿摆进,加大了起跳腿的压力。起跳进入缓冲的同时,人体也向内向后倾斜,开始向支撑点上方移动,两腿几乎处于平行状态。随后起跳腿蹬伸同时,摆动腿大小腿充分折叠带动同侧髋部加速上摆,两臂、肩部和上体向上伸展,起跳腿蹬离地面,进入腾空过杆阶段(见图2-2-5)。

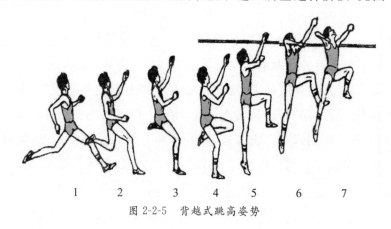

图2-2-5 背越式跳高姿势

3.腾空过杆和落地

跨越式过杆动作较简单。在身体腾起后,两臂下放,当摆动腿过杆时,上体前倾,起跳腿也随之屈膝上摆,在摆动腿摆越横杆下摆时,起跳腿也摆向横杆,当起跳腿即将过杆时,上体稍向内转,带动起跳腿越过横杆。随后摆动腿落地,并轻微屈膝进行缓冲。

背越式跳高起跳后,人体飞向横杆过程中,身体沿纵轴旋转,逐渐转为背对横杆。首先是摆动腿同侧臂领先过杆,然后是头、肩和另一臂过杆。在头肩过杆后,头向后仰,两臂向体侧张开。此时摆动腿保持上抬并稍向外翻,起跳腿也屈膝外展。随即髋部向上挺出,头部继续后仰,两膝向外分开,小腿下垂,身体成"背弓形"。随后髋部保持上挺姿势,肩部下沉,使向外分开的两膝高高升起,待臂部过杆后,要及时低头、屈髋和小腿上甩、伸直,使整个身体越过横杆。落地时,肩、背着海绵包(见图2-2-6)。

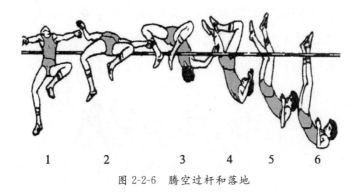

图 2-2-6 腾空过杆和落地

第三节 投 掷

投掷是人体运用自身的力量,通过一定的运动形式将器械掷出,使器械获得尽可能的远度。投掷动作是人体的基本活动能力,经常练习投掷项目及其辅助性练习,可提高投掷能力,发展力量、灵敏、协调力等身体素质。投掷项目有推铅球、掷铁饼、掷标枪和掷链球等,这里仅介绍推铅球的技术和教学方法。推铅球在投掷各项目中需用的场地最小,技术动作比较简单,易于开展。推铅球技术是一个连贯的整体动作。完整的推铅球技术包括握球与持球、滑步、最后用力和维持身体平衡。下面以右手持球为例,对侧向和背向滑步推铅球技术进行叙述。

一、侧向滑步推铅球

1. 握球与持球

握、持球的方法:握球臂手指五指自然分开,铅球放在食指、中指和无名指的指根处,拇指和小指扶在球体的两侧,手腕后屈。握好球后,将球放置在锁骨窝处,铅球紧贴颈部和下颌,投掷臂肘部抬起并自然外展,这样可以稳固地握、持好铅球。

2. 滑步

滑步前的预备姿势:在握、持好铅球后,侧对投掷方向,两脚左右开立、与肩同宽,右脚靠近投掷圈的后沿,左脚以前脚掌内侧着地,主要以右腿支撑体重。左臂微屈在体侧上方自然举起(见图 2-3-1)。

滑步开始前,要做 1~2 次预摆。预摆时,左腿膝关节微屈,以大腿带动小腿向投掷方向摆起,上体向右倾斜,接着右腿屈膝下蹲,左腿屈膝回收靠近右腿,与此同时左臂也摆至身前。滑步时,首先使身体重心向投掷方向移动,同时摆动腿侧摆和右腿侧蹬,加速身体重心的移动。右腿蹬伸后,随即收拉小腿,前脚掌落于圆心附近,在右小腿收拉同时，左腿积极下压，继右脚着地后，左脚以脚掌内侧着地，着地时要使左脚尖与右脚跟保持在投掷方向的直线上。此时上体仍保持向右倾斜，左臂带动肩部稍内扣，使躯干两侧有关肌肉群适当拉紧，为最后用力创造良好条件。

图 2-3-1　滑步前的预备姿势

3.最后用力与维持身体平衡

最后用力是推铅球技术的主要环节。在滑步动作结束，左脚一着地即开始了最后用力。首先是右腿用力蹬伸，使右髋向投掷方向移动，上体随之抬起，使身体重心左移。当身体左侧移至与地面垂直部位时，左肩、左臂及时制动，做好左侧支撑。这时右腿迅速蹬伸，上体向投掷方向转体，抬头挺胸，右臂推向前上方，最后手腕、手指用力拨球，将铅球以 40°左右的角度推出。铅球出手后，要迅速交换两腿位置，同时屈膝降低身体重心，维持身体平衡。

二、背向滑步推铅球

1.握球与持球

背向滑步推铅球的握球与持球方法与侧向滑步推铅球的握球与持球方法相同。

2.滑步

握、持好球后，背对投掷方向，站在投掷圈后沿处，两脚前后开立约 1 脚掌长，上体自然直立，左臂稍屈上举，体重落于伸直的右腿上。开始滑步前，应做 1～2 次预摆。预摆时，左腿向后上方摆起，上体随之前俯，左臂下垂。接着右腿屈膝下蹲，左腿屈膝回摆靠近右腿，左臂前下伸，上体前屈成团身状态（见图 2-3-2 之 1～3）。开始滑步时，臀部后移，使身体重心离开支点，左腿向抵趾板方向摆动。同时积极蹬伸右腿，上体基本保持原来姿势。当右腿即将蹬离地面，左脚摆到约与右膝齐平部位时（见图 2-3-2 之 4～7），立即积极地收拉右腿和下压左脚准备着地。右腿的动作是快速内旋收拉，前脚掌落于圆心附近，与投掷方向成 90°～130°角。在右腿收拉准备着的瞬间，左腿边外旋边压插，随右脚着地后，以脚掌内侧着地，落于靠近抵趾板处，并使左脚尖与右脚跟在与投掷方向一致的直线上。这时右膝弯曲，左膝亦被迫稍屈，左臂置于身前,扣住胸部,上体保持向投掷反方向倾斜,形成良好的"超越器械"状态。同时,由于右膝的内扣送髋使躯干两侧有关肌群拉紧,为最后用力创造最佳条件(见图2-3-2之8~10)。

3. 最后用力与维持身体平衡

在滑步时左脚一着地,即开始了最后用力,这是一个紧密衔接的动作。首先是右腿用力蹬转,使已领先的髋部加速前移并稍向左扭转,左臂内旋抬起伸向投掷方向,带动了上体抬起。接着右腿转蹬,继续推动髋部左转前送。与此同时,左臂向左前下方摆动,右肩向前上方转抬并挺胸,使整个身体形成"反弓形",如压紧的弹簧(见图2-3-2之11~15)。随后,两腿爆发式蹬伸,左臂下压,使身体左侧制动,同时右肩向前上方送转,伸臂推球,在铅球将要出手时甩腕、拨球。铅球出手的角度约为40°。在铅球离手后,迅速交换两腿位置,屈膝降低身体重心,以维持身体平衡(见图2-3-2之16~23)。

图2-3-2 滑步姿势

第四节 田径运动的规则及考核纲要

一、田径运动的规则简介

1.竞走

竞走比赛有两个核心规则。首先,竞走运动员必须始终保持至少有一只脚与地面接触。其次,前腿从着地的一瞬间起到垂直位置必须始终伸直,膝关节不能弯曲。

2.短跑

(1)各分道宽1.22~1.25m,分道线宽5cm。

(2)400m及400m以下(包括4×100m接力和4×400m接力的第一棒)各项径赛运动员必须使用起跑器和蹲踞式起跑。

3.接力跑

(1)本队队员必须手持接力棒跑完所规定的全程,掉棒队应由掉棒人捡起棒继续跑进。

(2)传接棒必须在接力区内完成(以棒为准),不得抛掷传递。

(3)传接棒时或传接棒后不得跑出各自的分道而影响他人跑进。

4.中长跑

(1)800m及800m以上的中长跑项目比赛中,运动员必须采用站立式起跑,不得使用起跑器。

(2)800m分道跑时,必须跑完规定的分道距离,并通过抢道标志线,方可切入里道。

5.跨栏跑

(1)运动员必须在各自的分道内跑完全程,并跨越所规定的所有栏架。过栏瞬间运动员的脚或腿不得低于栏顶水平面,不得有意用手或脚推倒栏架。

(2)各参赛者必须在自己的跑道内完成比赛,当参赛者跨越栏架时,若其腿或足从低于栏架顶的水平线跨越,或跨越并非自己赛道上的栏架,或故意以手或足撞倒任何栏架,均应取消其参赛资格。

6.跳高

(1)跳高落地区不得小于5m×3m。

(2)跳高架立柱与落地区之间至少有10cm间隔。

(3)横杆托为长方形平面,长6cm,宽4cm。横杆托必须固定在立柱面立柱上,朝向对面立柱。横杆放置在横杆托上时,两端与立柱之间至少有1cm的空隙。横杆长4m(±2cm),其中包含两端方木,方木长15~20cm,边长3~3.5cm。

(4)从裁判叫号开始试跳至试跳一次结束,时间限制为1min。

(5)不得使用双脚起跳。

(6)运动员的试跳动作致使横杆未能停留在横杆托上为试跳失败。

7.跳远

(1)跳远项目的助跑道不得短于40m,宽为1.22~1.25m,用5cm宽的白线标出,沙坑宽2.75~3m,沙坑的沙面应与起跳板齐平。

(2)起跳板应为长方形,用木料或其他合适材料制成,长1.21~1.22m,宽19.8~20.2cm,厚10cm,涂以白色。起跳板至落地区远端不短于10m,近端不短于1~3m。

(3)运动员不得从起跳板两端之外起跳,无论是否超过起跳线的延长线。

(4)运动员助跑和起跳时不得触及起跳线及和起跳线落地区之间的地面。

(5)在助跑或跳跃中不得采用任何空翻姿势。

(6)还未通知该运动员试跳,而运动员自行试跳,不管是否成功,都判该次试跳失败。

(7)无故错过该次试跳顺序。

(8)无故延误时限。

(9)三级跳远运动员的三跳顺序是一次单足跳、一次跨步跳和一次跳跃。单足跳时应用起跳腿落地,跨步跳时用另一条腿(摆动腿)落地,然后完成跳跃动作。

8.推铅球

(1)推铅球的投掷圈内沿直径为2.135m(±5mm),厚至少6mm,上沿涂成白色。投掷圈埋入地下,上沿与地面齐平。

(2)抵趾板内线长1.21~1.23m,宽11.2~30cm,厚9.8~10.2cm,上沿涂成白色。落地区用5cm宽的白线标出。其延长线通过圆心的夹角为34.92°。

(3)运动员必须从静止姿势开始,将铅球从圈内由单手从肩上掷出。

(4)女子铅球标准重量为4kg,男子为7.26kg。

(5)在投掷过程中,身体和器械的任何一部分不得触及投掷圈铁圈上沿或圈外的地面延长线以及线以外地面任何一部分,包括铅球抵趾板的上面,否则即为投掷失败。

(6)只有在器械落地以后,运动员才允许离开投掷圈。完成投掷后,运动员必须从投掷圈后半圈的延长线后面退出。

(7)在没有犯规的情况下,参赛者可以中止已开始的试掷动作,将器材放下以后暂时离开投掷区,并重新开始,但是必须在规定的时限内完成投掷。

9.掷标枪

(1)掷标枪助跑道长30~36.5m,宽4m。

(2)投掷标枪时,应握在把手处。标枪应从肩上方或投掷的上方掷臂出体侧抛甩、旋转的方法投掷。

(3)金属枪尖应首先着落在角度线内沿以内,否则应判为试掷失败。

(4)女子标枪标准重量为600g,男子为800g。

二、考核纲要

(一)各项目技术评定规格及标准

1.短跑(含接力跑)

(1)各就位和预备动作正确熟练,起跑时两腿迅速有力地蹬离起跑器,摆臂积极有力,躯干前倾较大。

(2)起跑与起跑后的加速跑衔接连贯,躯干逐渐抬起,步长逐渐增大,速度逐渐加快,自然顺利地过渡到途中跑。

(3)途中跑时,两腿摆蹬充分有力、步幅大、步频快,躯干正直或适当前倾,摆臂自然合理,上下肢配合协调。

(4)全程跑重心平稳,直线性好,动作轻松协调,并能做出合理的冲刺撞线动作。

(5)各棒起跑与传接技术正确,时机得当。

2.推铅球

(1)握球、持球与准备姿势正确。

(2)滑步时,两腿摆蹬动作协调有力,摆动腿摆动方向正确,滑步结束时,脚形和脚位合理,身体保持扭紧状态,形成良好的超越器械状态,并能不停顿地转到最后用力动作。

(3)最后用力顺序正确,动作结构合理,出手速度快,出手角度适宜。

(4)球出手后及时换步,降低身体重心,维持身体平衡,无犯规现象。

3.背越式跳高

(1)助跑8步以上,步点准确,动作自然,节奏明显,助跑与起跳衔接连贯,助跑后段身体向弧心倾斜合理。

(2)起跳阶段放脚快并且动作合理,蹬摆积极有力,蹬伸充分,起跳方向正确。

(3)起跳与过杆动作衔接好,在杆上身体形成背弓姿势,并使身体依次越过横杆,着地时能以肩背落在海绵垫上。

4.跳远

(1)助跑12步以上,助跑有一定的速度和正确的节奏,步点比较准确。

(2)起跳时放脚积极,起跳腿踝关节屈膝适度,蹬伸充分,迅速有力。摆动腿屈膝迅速向前上方摆起,两臂摆动与两腿蹬摆协调配合,起跳后成腾空步姿势。

(3)腾空动作与落地:落地前上抬大腿,前伸小腿,当脚跟一触及沙面时,即屈膝缓冲向前跪,两臂经体侧摆到体后。

(二)田径各项目技评等级

(1)优秀:能熟练正确地完成该项技术规格要求,动作连贯,协调轻松,实效性好。

(2)良好:能正确地完成该项技术规格要求,动作连贯协调,实效性较好。

(3)中等:能完成该项技术的主要环节的规格要求,动作尚且协调,实效性一般。

(4)及格:能基本上完成该项技术的主要环节的规格要求,动作不够协调,实效性较差。

(5)不及格:不能完成该项技术规格要求,动作有严重错误,不协调,实效性差。

(三)考核办法和标准

1.基本身体素质考核办法

第一学期从身体素质训练内容中选定十字交叉障碍跑、原地双手后抛铅球、1 500m跑(男)、800m跑(女)等3项进行考查。考查内容、评价标准见表2-4-1。

表2-4-1 身体素质考查内容与评分标准

成绩\项目\性别分数	十字交叉障碍跑/s		立定三级跳远/m		原地后抛铅球(男5kg,女3kg)/m		引体向上(男)/1min仰卧起坐(女)/次		30s(男)俯卧撑(女)立卧撑/次		1 500m(男)/800m(女)	
	男生	女生	男生	女生	男生	女生	男生	女生	男生	女生	男生	女生
100	14.0	15.0	8.4	7.2	12.0	10.5	22	50	30	27	4'40"	2'40"
95	14.1	15.1	8.2	7.0	11.5	10.0	20	48	29	26	4'45"	2'45"
90	14.2	15.2	8.0	6.8	11.0	9.5	18	45	28	25	4'50"	2'50"
85	14.3	15.3	7.9	6.6	10.5	9.0	16	43	27	24	4'55"	2'55"
80	14.4	15.4	7.8	6.4	10.0	8.5	14	40	26	23	5'00"	3'00"
75	14.5	15.5	7.7	6.2	9.5	8.0	13	38	25	22	5'10"	3'05"
70	14.6	15.7	7.6	6.0	9.0	7.5	12	35	24	21	5'20"	3'10"
65	14.7	15.9	7.5	5.9	8.5	7.0	11	33	26	20	5'30"	3'15"
60	14.8	16.0	7.4	5.8	8.0	6.5	10	30	22	19	5'40"	3'20"
55	14.9	16.2	7.3	5.7	7.5	6.0	9	28	21	18	5'50"	3'25"

续表

成绩/分数	十字交叉障碍跑/s		立定三级跳远/m		原地后抛铅球(男5kg,女3kg)/m		引体向上(男)/1min仰卧起坐(女)/次		30s(男)俯卧撑(女)立卧撑/次		1500m(男)/800m(女)	
	男生	女生	男生	女生	男生	女生	男生	女生	男生	女生	男生	女生
50	15.0	16.4	7.2	5.6	7.0	5.5	8	25	20	17	6′00″	3′30″
45	15.2	16.6	7.1	5.5	6.5	5.0	7	23	18	15	6′10″	3′35″
40	15.4	16.8	7.0	5.4	6.0	4.5	6	20	16	13	6′20″	3′40″
35	15.6	17.0	6.9	5.3	5.5	4.0	5	18	14	11	6′30″	3′45″
30	15.8	17.2	6.8	5.2	5.0	3.5	4	15	12	9	6′40″	3′50″
20	16.0	17.5	6.7	5.1	4.5	3.0	3	13	10	7	6′50″	3′55″
10	16.5	18.0	6.5	5.0	4.0	2.5	2	10	8	5	7′00″	4′00″

2.田径教学与训练课技术部分一般项目技术评定办法

一般项目技评考查应在各学期根据单项教学内容的教学进度,学习完各项目后随堂进行,技评标准应根据该项目技术要求和特点制定执行。采用百分制记分法。

3.田径教学与训练课重点项目技术评定办法

重点项目技评应与达标相结合(必须在达标基础之上)。田径教学与训练课重点项目单项教学内容结束后对学生进行技术评定考试,考试内容及评分标准见表2-4-2～表2-4-5。

表2-4-2 短跑考试技术评定评分标准

阶 段	技 术 要 求	得 分
蹲踞式起跑技术	1)起跑器安装合理,符合原则 2)"各就位"动作合理、放松 3)"预备"动作合理、姿势正确 4)起跑动作迅速,俯冲动作明显	1
加速跑技术	1)步幅增长合理、节奏感强 2)上体前倾大,两臂摆动积极有力 3)上、下肢配合协调,实效性好	2
途中跑技术	1)摆臂放松有力,摆动幅度大 2)摆动腿以髋发力、折叠好 3)前摆到位、下压积极,"扒地"好 4)蹬伸动作积极,实效性好,折叠快 5)动作放松、节奏好	4
终点跑和压线技术	1)速度下降幅度小 2)摆臂和上体补偿动作明显 3)压线动作正确、快速	1

续表

阶 段	技 术 要 求	得 分
全程跑技术	1) 全程跑节奏合理 2) 各阶段技术动作明显、动作充分、放松、大步幅、高频率 3) 重心平稳、直线性好	2

表 2-4-3　跳高考试技术评定评分标准

阶 段	技 术 要 求	得 分
助跑技术	1) 7步以上,逐渐加速 2) 助跑节奏明显,步点准确 3) 动作轻松自然、有弹性 4) 掌握步点丈量方法	2
起跳技术	1) 起跳瞬间身体充分向上 2) 有一定腾空高度 3) 上、下肢摆动配合协调 4) 支撑稳定、积极向上拔肩提腰	3
腾空技术	1) 身体依次过杆 2) 身体有反弓形,展体挺髋 3) 有身体下潜动作,动作协调 4) 掌握身体伸展和过杆时机	4
落地技术	1) 肩背着垫、安全落地 2) 放松协调 3) 落地的方向正确	1

表 2-4-4　跳远考试技术评定评分标准

阶 段	技 术 要 求	得 分
助跑技术	1) 掌握助跑步点丈量方法 2) 助跑加速节奏合理(快、直、稳) 3) 准确踏上起跳板 4) 最后一步比倒数第二步短 10～15cm	2
起跑技术	1) 着地缓冲积极向前 2) 起跳腿积极主动扒地起跳 3) 上、下肢动作协调配合 4) 蹬伸快速向上,重心高	3
腾空技术	1) 腾空步动作正确 2) 空中动作能有效维持身体平衡 3) 动作准确,上、下肢配合协调 4) 与落地动作衔接紧密	4
落地技术	1) 两腿膝关节伸直 2) 两腿屈膝着地	1

表 2-4-5 推铅球考试技术评定评分标准

阶　段	技　术　要　求	得　分
握持球	1）铅球位于食指、中指和无名指指根处,大拇指和小拇指扶在球两侧上,牢固放松 2）铅球在锁骨窝,贴颈,掌心向外 3）低于肩	1
预备姿势	1）背对投掷方向 2）重心在右腿上 3）左手前平举,左脚位于右脚后,脚尖着地,放松自然	1
滑步阶段	1）摆动腿大腿带动小腿向投掷方向摆出并快速下压落地 2）蹬地腿收小腿 60～80cm 3）摆、收、落的同时重心压右腿 4）良好的预备用力姿势	3
最后用力	1）拨球有力 2）髋发力及时 3）左侧支撑并抬头挺胸 4）动作基本连贯 5）成绩在及格以上	4
维持平衡	铅球出手后,换步降低重心	1

第三章 球类运动

第一节 足 球

一、足球基本技术与应用

(一)无球技术

无球技术,主要指各种不结合球的跑、跳、移动以及其他各种无球的行动。据统计,即使一个控球能力很强的队员,在一场比赛中控球时间累计也不过两三分钟,扣除各种情况下的死球停止比赛的时间,其余大部分时间都是用于无球情况下的活动。因此无球技术运用是否合理在整个比赛中具有重要意义。

1. 起动

足球比赛中的起动是完成各种技术动作的基础,在一定程度上影响着技术动作完成的质量。突然快速起动,能为完成各项有球技术动作赢得时间优势。足球比赛中的起动是多种多样的:有在静止中,有在慢跑中,有在跳起落地后,有在倒地爬起过程中,有在转身过程中,有在后退过程中等。但是不论在什么情况下起动,都必须注意以下几点:①身体重心低,直体快速前移;②步频快、步幅小,快速有力后蹬;③两臂配合两腿动作用力快速前后摆动;④眼睛既要注意周围队员的位置变化,又要兼顾球的运动情况,有利于起动后动作的衔接。

2. 跑

速度已成为现代足球运动的特点之一,快速跑是足球速度的重要组成部分。在全面型的足球比赛中,队员需要随着球的移动及场上的变化情况快速跑动,迅速占领有利位置,以利攻防。

(1)快速跑。快速跑指跑的速度,跑的速度是由步幅和步频决定的,在保持一定步幅的条件下,加快步频是提高速度的重要途径。同样,在保持一定步频的条件下,加大步幅也能够提高跑速。但是在足球比赛中由于所处的情况不同,要求跑动步幅、步频都要有变化。

(2)侧身跑。侧身跑是为了便于观察场上情况,随时准备参与攻守的具体配合时采用的调整位置的跑动方法。侧身跑时,上体稍转向有球的一侧,脚尖对着跑动方向,眼睛随时注视球的走向和周围攻守双方队员的位置、活动情况,以便及时参加具体的配合或采取个人行动。

(3)后退跑。后退跑一般是在以少防多时,为了延缓对方的推进速度,伺机进行争抢或是当对方队员处在威胁本方球门的情况下,为了盯住对手,限制其活动,常用后退跑。后退跑时,重心稍下降并后移,使身体稍后倾。步幅要小,步频要快,脚蹬地后必须离开地面,但不要高抬,两臂稍张开,自然摆动维持身体平衡,眼睛注视球的方位、对方队员的位置和活动情况以及同队队员回防等情况,以便确定自己的下一个动作。

3.急停和转身

比赛中随着进攻和防守的不断变换,球的位置也随时变化。为了甩掉对手或不被对手甩掉,需要队员在高速度的奔跑中突然停止跑动及突然停止跑动后立即转身或原地转身改变移动方向。在比赛中运动员的急停和转身动作可分正面急停、转身急停、前转身和后转身,下面介绍前两项的要领。

(1)正面急停。急停时,身体重心下降并快速后移,上体稍前屈,一脚向前迈出并以全脚掌着地用力前蹬,使上体成后倾,制动身体前冲,另一腿微屈稍后开立支撑身体的平衡,停止移动。

(2)转身急停。转身急停时,重心下降,上体稍前屈并快速向转身方向扭转、倾斜,重心移向转身方向的同侧,腿屈膝外转,脚掌外侧蹬地,脚尖指向转身方向,异侧腿迅速前迈。脚掌内侧积极着地蹬地,使整个身体成内倾,制动身体前冲,停止移动。总之,无球技术是足球技术不可缺少的组成部分。在练习时,既要正确理解动作的要领,又要结合必要的专项身体素质和有球技术练习,以及根据足球运动的特点才能全面掌握无球技术。

(二)运球技术

1.运球及运球过人

运球是运动员在跑动中,用脚的推拨动作有目的地使球保持在自己控制范围内而做的连续触球动作。运球过人是指运动员运用合理的运球动作超越防守队员。

(1)常用的运球方法。常用的运球方法有脚背正面运球、脚背内侧运球、脚背外侧运球和脚内侧运球等。

1)脚内侧运球(见图3-1-1)。技术要领：运球时，支持脚稍向前跨，踏在球的前侧方，膝关节稍弯曲，上体前倾并向里转。随着身体的向前移动，运球脚提起，用脚内侧推球的后中部。

2)脚背正面运球(见图3-1-2)。技术要领：跑动时，身体自然放松，上体稍前倾，两臂自然摆动，步幅不宜过大。运球脚提起时，膝关节弯曲，脚跟提起，脚尖下指，在迈步伸脚着地前用脚背正面向前推拨球前进。

图3-1-1　脚内侧运球

图3-1-2　脚背正面运球

3)脚背内侧运球(见图3-1-3)。技术要领：跑动时身体自然放松，上体稍前倾并稍向运球方向转动，两臂自然摆动，步幅要小些。运球脚提起时，膝关节弯曲，脚跟提起，脚尖稍外转，在迈步前伸脚着地前，用脚背内侧向前侧推拨球，球向前侧呈曲线或弧线运行。

4)脚背外侧运球(见图3-1-4)。技术要领：跑动时身体自然放松，上体稍前倾，两臂自然摆动，步幅要小些。运球脚提起时，膝关节弯曲，脚跟提起，脚尖稍内转，在迈步前伸脚着地前，用脚背外侧向前推拨球，球直线运行。向前侧推拨球，球呈曲线或弧线运行。

图3-1-3　脚背内侧运球

图3-1-4　脚背外侧运球

(2)常用的运球动作。运球时常用的动作有拨球、扣球、拉球和挑球等。

拨球：用脚腕的扭拨动作，以脚背内侧或脚背外侧触球，使球向侧方或侧前方运行，用脚背内侧拨球的动作称"里拨"，用脚背外侧拨球的动作称"外拨"。

扣球：用突然的转身和脚腕急转扣压动作以脚背内侧或脚背外侧触球，将球向侧后方停下或改变方向运行。用脚背内侧扣球的动作称"里扣"，用脚背外侧扣球的动作称"外扣"。

拉球：是指用脚掌将球由前向后或由左(右)向右(左)拖拉球的动作。

挑球：一般是指用脚背与脚尖翘起上挑的动作或用脚背上撩的动作,使球向前上方改变方向。

(3)常见的运球过人方法。

1)强行突破。技术要领：强行运球突破是队员以突然的推拨球与快速起跑相结合的动作越过对手的突破方法。这种突破方法只要时机掌握恰当就容易奏效。

2)运球假动作突破。技术要领：运球假动作突破是运球队员利用腿部、上体和头部虚晃,伴作运球动作迷惑对手,使其产生错误判断而做出抢球动作,当其一侧露出空隙时,立即运球突破。

3)快速拉、扣、拨突破。技术要领：以单、双脚快速拉、扣、拨的变化,不断变换运球方向,使对手很难判断运球突破的方向和时机。当对手在堵截中露出空隙时,快速运球突破。

4)变速运球突破。技术要领：对手位于侧面,在侧身掩护运球的同时,利用运球速度的变化,达到摆脱对手的目的。

5)人球分路突破。技术要领：人球分路突破是运球者和球分别从防守者的左、右侧越过对手的一种方法。它多是在攻守队员都处于活动中,而防守队员尚未取得正确防守位置时运用。

2.接球

接球是指运动员有目的地用身体的合理部位把运行中的球接下来,控制在所需要的范围内,以便更好地衔接下一个技术动作,也称"停球"。接球是足球运动基本技术的一种,比赛中可用除手和手臂以外的脚、大腿、胸部、头等部位接球,通常以脚为主,尤以脚弓和脚外侧使用最多。可分接地滚球、接反弹球和接空中球等。接球时运用推压、撤引等动作,将来球调整到有利于连接下一步动作(如传球、射门、带球等)的位置上。接球是为下一个动作服务的,接球质量的好坏直接影响下一个动作能否顺利完成。比赛中来球性质、状态不同,因此接球应根据不同情况采用不同的动作方法。

(1)脚内侧接球。由于脚内侧触球面积大,动作简单,较易掌握,比赛中经常使用这种技术接各种地滚球、平球、反弹球、空中球。

1)脚内侧接地滚球：支撑脚脚尖上对来球,膝关节微屈,同侧肩正对来球。接球腿提膝大腿外展,脚尖微翘,脚底基本与地面平行,脚内侧正对来球并前迎,当脚内侧与球接触的一刹那迅速后撤,把球接在脚下。若需将球接在侧面时,支撑脚脚尖应向同侧斜指,脚内侧与来球方向成一定角度触球,同时支撑脚提踵,以前脚掌为轴做适当转动,身体移动。当来球力量不大时,只需将脚提到一定的高度,并使脚内侧与地面形成锐角轻触球。也可在触球时用下切动作使球前进之力部分转变为旋转力,而将球接在脚下(见图3-1-5)。

图 3-1-5　脚内侧接地滚球

2)脚内侧接反弹球:根据来球的落点,及时移动到位,支撑脚与球落点的相对位置在球的侧前方,支撑腿膝关节微屈,身体向接球后球运行的方向偏移。接球腿提起且小腿放松,脚尖微翘,脚内侧对着接球后球运行的方向并与地面成一锐角,当球落地反弹刚离地面时,大腿向接球后球运行的方向摆动,用脚内侧部位轻推球的中上部。用这种方法接球时,也可在触球时使球产生旋转以达到接好球的目的,但应注意球的旋转并及时加以调整(见图3-1-6)。

3)脚内侧接空中球:根据来球的速度及运行轨迹,及时移动到位。若为抛物线较小的平空球,则应根据临场的实际情况选择适当高度的接球点,将接球腿抬起,使脚内侧部位对准来球的方向并前迎,脚在接触球的一瞬间后撤,并将球接在所需的位置上(见图3-1-7)。

图 3-1-6　脚内侧接反球　　　　图 3-1-7　脚内侧接空中球

(2)脚背外侧接球。

1)脚背外侧接地滚球:将接球点放在接球腿一侧,支撑腿膝关节微屈。接球腿提起屈膝,脚内翻使小腿和脚背外侧与地面成一锐角,并对着接球后球运行的方向,脚离地面的高度应略等于球的半径,然后大腿向接球后球运行的方向推送,同时身体随球移动(见图3-1-8)。

图 3-1-8　脚背外侧接地滚球

2）脚背外侧接反弹球：根据来球的落点及时移动到位，支撑脚站在来球落点的侧后方，除触球部位外，其他环节均与脚背外侧接地滚球相同。

(3)脚底接球。脚底接球技术便于掌握，易于将球接到位置，故常被用来接各种地滚球和反弹球。

1）脚底接地滚球：身体正对来球方向，移动前迎，支撑脚站在球的侧面（或前或后均可），脚尖正对来球方向，膝关节微屈。同时接球腿提起，膝关节微屈，脚背略屈，使脚底与地面约小于 45°角（且脚跟离开地面），一般以前脚掌接触球的上部为宜。

2）脚底接反弹球：根据来球落点，及时前移迎球，支撑脚站在落点侧后方，脚尖正对来球方向，球落地瞬间，用前脚掌去触球的中上部，微仰膝，用脚掌将球接在体前（见图 3-1-9）。

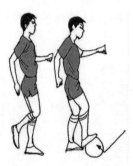

图 3-1-9　脚底接反弹球

(4)大腿接球。大腿接球一般可以用来接抛物线较大的高空球和略高于膝的低平球（见图 3-1-10）。

1）大腿接抛物线较大的下落球：面对来球方向，根据球的落点迅速移动到位，接球腿大腿抬起，在球与大腿接触的瞬间大腿下撤，将球接到需要的位置上。

2）大腿接低平球：面对来球方向，根据来球高度，接球腿大腿微屈送髋前迎来球，在球与大腿接触的瞬间收撤大腿，使球落在所需要的位置上。

图 3-1-10　大腿接球

(5)胸部接球。由于胸部接球部位较高,加之胸部面积大、肌肉较丰满等特点,易于掌握,故是接高球的一种好方法。胸部接球包括挺胸式、收胸式两种方法。

1)挺胸式接球:面对来球站立(两脚左右或前后开立),两膝微屈,重心置于支撑面内,上体后仰,下颌微收,两臂自然张开,维持身体平衡。接触球瞬间,两脚蹬地,膝关节伸直,用胸部轻托球的下部使球微微弹起于胸前上方(见图 3-1-11)。

2)收胸式接球:多用于接齐胸高的平直球。面对来球,两脚左右或前后开立,两臂自然张开,挺胸迎球,触球瞬间收胸、收腹、臀部后移,将球接在体前。若需将球接在体侧,则触球瞬间转体将球接在转体后相应的一侧(见图 3-1-12)。

图 3-1-11　挺胸式接球

图 3-1-12　收胸式接球

3.踢球

踢球是足球运动中最主要和运用最多的一项基本技术。一场比赛,每个队一般要传球 350～500 次,比赛双方平均每 5～7s 就有一次传踢球。比赛中,踢球主要用于传球和射门,是组织进攻与防守的主要手段。运动员踢球技术的好坏直接影响传球、射门和组成战术的效果,因此,运动员踢球技术掌握的如何对球队运动技术水平有举足轻重的影响。

(1)踢球动作结构分析。

1)助跑:助跑是指准备踢球前的几步跑动,是踢球全过程的第一个组成部分。

作用:助跑的主要作用在于调整人与球的方向、距离,便于摆动腿更好地发力,增加击球的力量。助跑的最后一步要稍大,以获得一定的初速度和使踢球腿增加摆腿幅度与速度,同时制动身体的前冲。

动作过程与要求:首先判断好距离。助跑的方向与击球方向应一致,成直线跑。动作要放松自然、步幅均匀,整个助跑是加速度过程,特别是最后两步必须积极快速,为了加大踢球腿的摆幅和摆速,要求助跑的最后一步要稍大。支持脚的跨步选位落点要准确。踢球前不但要获得一定的前冲力,而且为了使身体在踢球时避免过早前冲和减少前踏的角度,最后一步要用跨步,支持脚落地时必须积极着地。

2)支撑脚站位:助跑最后的着地脚所处的位置,就是踢球时的支撑脚站位。

3)踢球腿的摆动:踢球腿的摆动是在支撑脚向前跨步与助跑最后一步蹬离地面时,顺势向后摆起,在支撑脚着地的同时以髋关节为轴,大腿带动小腿由后向前摆的动作。

4)脚触球:脚触球包括脚的部位和球的部位及击球的刹那踝关节紧张的动作。

5)踢球后的随前动作:踢球后的随前动作是指踢球腿与球接触时踢球腿仍以触球时的同样摆动速度继续前摆和送髋的动作。

(2)踢球的方法。踢球主要有脚内侧踢球、脚背正面踢球、脚背内侧踢球、脚背外侧踢球,还有脚尖踢球和脚跟踢球。

1)脚内侧踢球是用脚内侧的跖趾关节、舟骨和跟骨所构成的三角部位接触球的一种踢球方法(见图3-1-13)。

图3-1-13　脚内侧踢球

特点:脚与球的接触面积大,出球比较平稳、准确,但出球力量较小。

基本技术要领:踢定位球时,直线助跑,支撑脚踏在球的侧方15cm左右处,膝关节微屈,在支撑脚着地的同时踢球腿以髋关节为轴由后向前摆动。在前摆过程中屈膝外转,踢球脚的内侧正对出球方向,小腿加速前摆,脚尖稍翘起,脚掌与地面平行,用脚内侧部位击球的后中部。脚内侧踢球在脚与球接触过程中有两种方法,一种是推送的踢法,这种踢法脚触球时,踢球腿要继续前摆,这样踢球脚与球接触的时间较长,出球易平稳。另一种是敲击踢法。踢球时,踢球腿的大腿摆动不大,只是小腿快速前摆击球,击球后,小腿突然停止前摆,该动作接触时间短促,动作有力。

2)脚背正面踢球是用脚背正面的楔骨和跖骨的末端构成部位触球的一种踢球方法(见图 3-1-14)。

图 3-1-14　脚背正面踢球

特点:踢球腿的摆幅大,摆速快,踢球的力量大,出球的性能变化小,出球方向也比较单一。

基本技术要领:踢定位球时,直线助跑,最后一步稍大并要积极着地,支撑脚在球的侧方 10～12cm 处,脚尖正对出球方向,膝关节微屈,踢球腿是在支撑脚前跨和助跑的最后一步蹬踏地面时,顺势向右摆起,小腿弯曲。在支撑脚着地的同时,以髋关节为轴,大腿带动小腿由后向前摆,在膝盖摆至接近球正上方的刹那,小腿做爆发式前摆,脚背绷直,脚趾扣紧,以脚背的正面击球的后中部,踢球腿随球继续提膝前摆。

脚背正面踢反弹球:要准确判断球的落点、落地时间和反弹路线,身体正对来球反弹方向,支撑脚在球的侧方。当球要落地时,踢球腿的小腿急速前摆,在球刚反弹离地时,以脚背正面击球的后中部(见图 3-1-15)。

图 3-1-15　脚背正面跑反弹球

脚背正面踢空中球(侧身踢空中球):首先要判断好球的运行路线和确定好击球点,并使身体侧对出球方向,支撑脚跨上一步,脚尖指向出球方向,上体向支撑脚一侧倾斜,踢球脚的大腿带动小腿急速向出球方向挥摆,用脚背正面踢球的后中部,在摆腿踢球的过程中身体随之向出球方向扭转。在踢球的刹那,眼睛始终注视球,身体正对出球方向,踢球后,面对出球方向(见图 3-1-16)。

图 3-1-16 脚背正面踢空中球

3）脚背内侧踢球是用脚背内侧的几个楔骨、趾骨末端部位接触球的一种踢球方法。

特点：踢球腿的摆幅大，摆速快，踢球的力量大，由于助跑方向、支撑脚选位灵活性较大，出球的方向变化幅度较大，因此可踢出平直球、远距离弧线球等，也便于转身踢球。

基本技术要领：踢定位球时，斜线助跑，助跑方向与出球方向成 $45°$。支撑脚以脚掌外沿积极着地，踏在球的侧后方 20~25cm 处，屈膝，支撑脚脚尖指向出球方向，身体稍向支撑脚一侧倾斜。在支撑脚着地的同时踢球腿以髋关节为轴，大腿带动小腿由后向前摆，在身体转向出球方向，膝盖摆到接近球的内侧正上方的刹那，小腿做爆发式前摆，脚尖稍向外转，脚面绷直，脚趾扣紧，脚尖指向斜下方，以脚背内侧踢球的后中部（踢高球时，击球的中下部），踢球腿随球继续前摆。脚背内侧踢定位球是初学者必须掌握的基本动作，作为提高，下面就对脚背内侧搓踢过顶球、转身踢球及踢弧线球动作做简要介绍。

脚背内侧搓踢过顶球：动作方法基本上与踢定位球相同。只是支撑脚踏在球的侧后方，踢球脚不要过于绷直，踢球的后下部，并稍有下切的动作，使球向前上方飞起并回旋。踢球脚不随球前摆。

脚背内侧转身踢球：助跑的最后倒数第二步，要稍向出球的相反方向，即向球的侧前方跨出。在助跑最后一步蹬离地面时，略微跳动，同时身体转向出球方向，支撑脚以脚掌外沿着地，脚尖指向出球方向，上体侧前倾，膝关节弯曲。在支撑脚着地的同时，踢球腿以髋关节为轴，大腿带动小腿由后向前摆。在膝盖摆到接近球的内侧上方的刹那，小腿做爆发式前摆，脚稍外转，脚面绷直，脚趾扣紧，脚尖指向斜下方，用脚背内侧部位击球的后中部，踢球腿随球继续前摆（见图 3-1-17）。

图 3-1-17 脚背内侧转身踢球

脚背内侧踢弧线球:用脚背内侧踢球的后中部位。摆腿的方向不通过球心,在踢球的一刹那,踝关节用力向里转并上翘,使球成侧旋沿一定的弧线运行。

4)脚背外侧踢球:用脚背外侧部位接触球的踢球方法(见图3-1-18)。

图 3-1-18　脚背外侧踢球

特点:它除具备脚正面踢球的特点外,还具有踢球时脚腕灵活性较大和摆腿方向变化较多等优点,是踢各种距离弧线球和弹拨、削球的主要方法。

基本的技术要领:踢定位球(平直球)时,助跑、支撑脚的位置和踢球腿的摆动基本上与脚背正面踢球相同,只是用脚背外侧接触球。在踢球腿的膝盖摆到接近球的正上方的刹那,小腿做爆发式前摆时,膝盖和脚尖内转,脚面绷直,脚趾扣紧,以脚背外侧部位踢球的后中部,踢球腿随球继续前摆。脚背外侧踢定位球是初学者必须掌握的基本动作,但在比赛中,还常用脚背外侧踢弧线球或弹拨球,为了进一步了解脚背外侧踢球方法,下面就这两种踢法做简要介绍。

脚背外侧踢弧线球:支撑脚踏在球的侧后方15～20cm处,踢球脚的脚腕用力,并以脚背外侧踢球的后中部,摆腿的方向不通过球心,并向支撑脚一侧的前方继续摆动,以加大球的旋转(见图3-1-19)。

图 3-1-19　脚背外侧踢弧线球

脚背外侧踢弹拨球:踢球腿以膝关节为轴快速侧摆或侧前摆。击球时,踝关节快速转动将球弹出,踢球脚快速收回。运用这种踢法可将球快速弹拨到踢球脚的外侧或侧前方。

5)脚尖踢球:它是用脚尖部位接触球的踢球方法。

特点:踢球腿的摆幅小,摆速快,踢球的着力点集中,出球快而有力,但因脚尖与球的接触面小,出球的准确性较差。

基本技术要领:脚尖踢球与脚背正面踢球动作大致相同,支撑脚踏在球的侧后方。击球时,脚尖翘起,趾踝关节紧张用力并保持稳固,以脚尖击球的后中稍偏下的部位。

6)脚跟踢球:它是用脚跟的跟骨部位,将球踢到身体后面的踢球方法。

特点:脚跟踢球的出球方向是向后,隐蔽性强,具有突然性,但出球力量小,只适用于近距离向后传球。

基本技术要领:脚跟踢球时,根据人与球的不同位置采用不同的踢法。具体动作要领:第一,当球在支撑脚内侧时,踢球腿自然提胯到球的前方,然后以膝关节为轴,小腿突然快速后摆,踝关节在后摆过程中紧张用力,以脚跟触球的前中部,把球向后踢出。第二,当球在支撑脚外侧时,踢球腿先自然前摆。当摆过支撑脚时,立即向支撑脚一侧成交叉后摆,踝关节紧张用力,以脚跟触球的前中部把球向后踢出。

4. 头顶球

(1)头顶球技术动作分析。

头顶球是用头的前额骨部分,以身体带动头部摆动,完成击球动作。

1)判断与选位。判断与选位是正确完成头顶球动作的前提。它直接影响到顶球时间、方向、力量和准确性。判断是选位行动的依据,二者息息相关,因此选位前必须对球的性质、运动路线、弧度进行敏锐的观察,做出准确的判断。选位时两眼一定要注视来球,在判断的过程中考虑位置的选择。选位既要考虑动作完整,又要重视完成的效果,否则将失去选位作用。选择的位置一般在以球飞行自然弧线与两眼正视来球的视线直接相遇为宜,有的由于来球高度和弧线大小不同,在选位时适当调整身体姿势,如腾空跳或屈膝下蹲。

2)蹬地与摆动。蹬地在顶球时有两个作用:一是通过单脚或双脚起跳动作,利用有力蹬地产生的反作用力,以助于身体向上腾起;二是通过单脚或双脚有力后蹬,加速身体的向前摆动,从而增大头部击球力量。摆动是头部击球力量的主要来源。一种是上体借助两腿迅速有力蹬地的反作用而向前摆动,带动头部快速迎击来球。这种方法能够充分发挥腹背肌肉的屈伸作用,使头部击球前预先获得一定摆动速度,增大头部击球力量。另一种是借助弓身拉长腹部肌群的有力收缩和颈部的灵活快速的发力,以头部敲击来球的方法。这种方法没有明显的准备动作,顶球突然快速,出击隐蔽,方向变化难测,但力量较小,一般用于短传、近射,在变向顶时作为"摆渡"其效果则更好,鱼跃顶球和冲顶是用单脚蹬地的反作用力来加大身体的冲量,以头部撞击来球的一种顶球方法。此法力量大,效果好,但是顶球时机较难把握。

3)时间与部位。头部击球时间直接影响到摆动击球作用的发挥。一般情况下,当身体前摆即将恢复到直立状态时击球较为合适,因为此时身体重心稳,摆体击球速度较快。头顶球部位及击球部位与踢球技术相似。

(2)头顶球技术动作方法。

头顶球技术的种类主要以顶球时运用头的部位来区分。正确的部位只能是前额骨的正面和侧面。在每一种技术中,由于顶球前的准备动作不同,又可分为原地顶球和跳起顶球,跳起又可分为单脚起跳和双脚起跳。由于球方向的不同,又可分为向前、向后和向两侧顶球。

1)前额正面顶球。前额正面坚硬平坦,触球面积大,它处于头的正前方和两眼上方,便于在顶球时观察来球周围情况,使击球准确有力(见图3-1-20)。

原地顶球:顶球时先选好站位,使身体正对来球方向,两脚前后开立,膝关节微屈,重心在后,两眼注视来球,判断好来球的速度,做好准备工作,两腿前后开立,腰部前挺,胸部上提,下颌平收,两臂自然张开,上体后倾,身体重心放在右脚上,顶球时后脚迅速蹬地,上体由后向前摆动,在即将触击球的刹那,两腿迅速用力蹬伸,以腰腹和颈部的快速摆动主动迎击来球。击球时,颈部肌肉保持紧张,两眼注视出球方向(见图3-1-21)。

图 3-1-20 前额正面顶球的部位

图 3-1-21 前额正面顶球(原地顶球)

跳起顶球:身体正对来球,两脚左右开立15~20cm,脚尖稍内转,膝关节微屈,上体稍前倾,两臂屈肘后伸,身体重心平均落在两脚上,两眼注视来球。起跳时,两臂由后向前上方振臂,同时弓身,提胸,收下颌,两脚积极用力蹬伸,在跳起上升过程中挺胸展腹,两臂自然张开,两眼注视来球,当跳起最高点准备顶球时,身体成背弓,在球运行到身体垂直部位前的刹那,快速收腹,折体前摆并且甩头,用前额正面将球顶出,顶球后两腿自然屈膝,屈踝落地(见图3-1-22)。

单脚起跳顶球:可做3~5步助跑,在助跑过程中判断来球运行路线和起跳方向,起跳时,有利脚迅速蹬地,另一腿屈膝上摆,两臂自然上提,使身体向上跃起,成原地顶球预备姿势。

图 3-1-22　跳起顶球

2）前额侧面顶球。前额侧面顶球的部位是前额的两侧。这个部位虽然坚硬，但不平坦，面积小，又在两眼的侧前方，顶球时摆体用力方向又与来球方向不是迎面相遇，出球力量较小。故在击球时间，出球方向方面都难于额骨正面顶球。其优点是动作突然，能变换出球方向，特别是前锋队员在门前得边锋传中球射门时威力更大（见图 3-1-23）。

原地顶球技术动作方法：顶球前与出球方向同侧腿向前跨出一步，两膝微屈，身体重心放在后脚上，上体和头稍向异侧倾斜并转体约 45°，两眼斜视来球，两臂自然张开。顶球时，后脚蹬地，上体和头向出球方向迅速扭转，屈体甩头，在与出球方向同侧肩的前上方，用额骨侧面顶球。

跳起顶球技术动作方法：一般用单脚起跳。起跳动作与前额骨正面顶球的单脚起跳动作相同。在跳起上升的过程中，上体侧屈，侧对来球。在跳到最高点顶球时，急速转体、甩头，用额骨侧面将球顶出。顶球后，两膝微屈，缓和落地（见图 3-1-24）。

图 3-1-23　前额侧面顶球的部位　　　　图 3-1-24　前额侧面顶球（跳起顶球）

5.抢截球

抢截球是足球运动技术的一种，是将对方控制或传出的球占为己有，或破坏对方对球的控制的技术，也是比赛中由守转攻的主要手段。抢截球有正面抢、侧面抢和铲球等动作方法。抢球时须善于利用合理冲撞，动作快速、凶猛、果断，正确的判断和选择是动作成功的关键。抢截技术是一种积极有效的防守手段，抢截是防守技术的综合体现，是用争夺、堵截破坏等方式延缓或阻拦对方的进攻。一旦把球争夺过来，就意味着组织进攻的开始。掌握和不断提高抢截技术有助于快速反击。

(1)正面抢截。对方带球队员迎面而来,可采用这种抢截(见图3-1-25)。

动作要领:两脚前后稍开立,两膝稍屈,身体重心下降,并平均落在两脚上,面向对手。当对方带球脚触球即将着地或刚刚着地时,立即抢球。抢球脚的脚弓正对球,并跨出一步,膝关节弯曲,上体前倾,身体重心移至抢球脚上。如对方已有准备,在双方脚同时触球时,脚触球后要顺势向上提拉,使球从对方脚背滚过,身体迅速跟上,把球控制住。双方上体接触时,抢球人可用合理部位冲撞对方,使之失去平衡,将球控制在自己脚下。另外,还可以用弓步抢球。抢球时,向斜前方跨步,两脚前后开立,重心稍下降,以维持身体平衡。先用前脚脚弓堵球,紧跟着后脚脚弓再堵球,两脚动作频率要快,使对方无法处理球。

(2)侧面抢截。当防守队员与带球进攻的队员并肩跑动或二人争夺迎面来球时,双方都可采用这种抢截(见图3-1-26)。

动作要领:当与对方平行跑动争球时,身体重心要降低,两臂贴紧身体。在对方靠近自己的脚离地时,可用肩和上臂做合理的冲撞动作,使对方身体失去平衡,从而把球抢过来。

图3-1-25 抢截球(正面抢截)

图3-1-26 抢截球(侧面抢球)

(3)侧后面抢截(铲球)。这是抢截技术中较困难的一种,一般是在用其他方法抢不到球时才运用铲球。铲球有两种方法:一种是脚掌铲球,另一种是脚尖或是脚背铲球(见图3-1-27)。

动作要领:当防守人追至运球人右后方1m左右时,可用右脚掌或左脚尖(脚背)进行铲球。在运球人的左侧时,则用左脚掌或是右脚尖(脚背)进行铲球。如用右(左)脚掌铲球,可在运球人刚刚将球拨出时,先蹬左(右)腿,跨右(左)腿,膝关节弯曲,以脚外侧从地面滑出,用脚掌将球踢出。然后小腿、大腿、臀部、上体依次着地,身体随铲球动作向前滚动。如用右(左)脚尖(脚背)铲球时,左(右)腿要用力蹬地,右(左)腿向前跨出,以脚外侧从地面滑出。在脚快要触球时,可用力弹小腿,将球踢出。然后铲球腿的小腿、大腿、臀部依次着地,上体向铲球腿方向滚翻,两手撑地起立。

图 3-1-27　抢截球（侧后面抢截）

6.掷界外球

(1)原地掷界外球。

动作要领：两手手指自然张开，持球的后半部，两拇指靠近，虎口相对。两脚前后或平行开立，膝关节稍屈，将球举在头后，身体重心放在两脚上，上体后仰。掷球时，两脚蹬地，收腹屈体，同时两臂快速前摆，身体重心前移，手腕、手臂、腰和腹部同时用力将球掷出。

(2)助跑掷界外球。

动作要领：与原地掷界外球相同，只是增加5m左右的助跑。跑时，两手持球放在胸前。在迈出最后一步时(两脚要前后站立)，将球上举至头后，然后将球掷出，同时后脚从地面上向前滑进，但不得离地。

(三)守门员技术

1.位置选择

守门员为了守球门，首先要选择正确合理的位置。位置的选择应根据对方的射门角度来决定。一般情况下，应站在两球门柱与射门时球所处的位置所形成的分角线上。当对方劲射时，守门员应靠前些，这样可以缩小射门角度。在对方远射时可适当前移，但要防备对方吊球。当球向中场或前场发展时，守门员可前移到球门区线附近，并根据球的发展及时调整自己的位置，当对方在中场直接插入突破时，守门员应抓好时机及时出击截球。

2.准备姿势

两脚左右开立，约同肩宽，两腿自然弯曲并稍内扣，脚跟稍提起，身体重心落在前脚掌上，上体稍前倾。两臂于体前自然弯曲，两手五指自然张开，掌心相对，两眼注视来球。

3.移动

守门员为了更好地堵截和接住对方的传球和射门，必须根据对方射门前球和人的位置变化而相应调整自己的位置,向左右调整位置一般采用侧滑步和交叉步。

(1)侧滑步:一般是在接两侧射低平球时,可采用侧滑步移动,使身体正对来球,向左(右)侧滑步时,先用右(左)脚用力蹬地,左(右)脚稍离地面并向左(右)滑步,右(左)脚快速跟上,两眼注视来球。

(2)交叉步:一般是在接两侧高球或扑接球时,为了更便于蹬地跃起,多采用交叉步。

4.接球

(1)下手接球:适用于接胸部以下的球。身体正对来球,两臂前伸迎球,掌心向上,小拇指靠拢,手指触球的瞬间屈臂、屈胸、压胸将球抱于胸前。下手接球有直腿式(见图3-1-28)、单腿跪撑式(见图3-1-29)和站式(见图3-1-30)。

图 3-1-28　下手接球直腿式

图 3-1-29　下手接球单腿跪撑式

图 3-1-30　下手接球站式

(2)上手接球:适用于接胸部以上的球。接球时身体正对来球,两臂充分伸展迎球,拇指相对成八字形(见图3-1-31),当手指触球的瞬间,手指、手腕适当用力,缓冲来球并将球接住,顺势转腕、屈肘,下引将球抱于胸前(见图3-1-32)。

图3-1-31　上手接球手势

图3-1-32　上手接球迎球

5.扑球

(1)扑两侧的低球:右脚迅速蹬地,左腿屈膝向左跨出一步,身体左倒,左脚着地后,用小腿、大腿、臀部、上体和手臂的外侧依次触地,同时两臂向球伸出,左手掌心正对来球,右手在左手前上方,两拇指靠近,两手腕稍向内屈,触球后把球收回胸前,然后立即站起。

(2)跃起侧扑球:扑这种球时,身体重心先移向靠近来球一侧的脚上,同时该脚用力蹬地向侧面跃起,身体展开,两臂自然伸出,两手拇指靠近,手指自然张开,手掌对球,当手触球时,以扣腕动作将球接住,落地时,以两手按球、前臂、肩部、上体侧面和下肢依次着地,同时屈肘、翻掌将球抱于胸前,并屈膝团身(见图3-1-33)。

图3-1-33　跃起侧扑球

6.拳击球和托球(见图3-1-34)

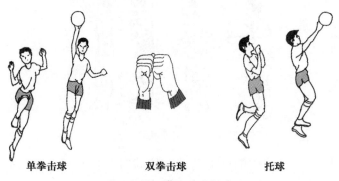

单拳击球　　　　**双拳击球**　　　　**托球**

图3-1-34　拳击球和托球

(1)单拳击球:单拳击球动作灵活,活动范围较大,击球点高,击球力量大,多用于击两侧的传中球和高吊球。

动作方法:屈肘握拳于肩前,身体跳起接近来球,在击球前的一刹那,快速冲拳,以拳面将球击向预定的目标。

(2)双拳击球:双拳击球动作,接触球的面积大,准确性高,多用于击正面高球或平高球。

动作方法:两臂屈肘握拳于胸前,两拳相拢,拳心相对,在跳起接近最高点即将触球的一刹那,两拳同时快速冲击,以拳面将球击向预定的目标。

(3)托球:托球主要在来球弧度较大,其落点又在球门横梁附近,守门员起跳接球把握性不大时运用。

动作方法:跳起托球时,一臂快速上伸,掌心向上,用手掌前部击球,手触球后,将球稍往后上方托起,使球越过球门横梁。

7.掷球

为了争取时间组织快速反击,守门员经常把获得的球用手掷给同队队员,掷球有单手肩上掷球、单手低手掷球和勾手掷球等方法。

(1)单手肩上掷球:守门员在需要做较远距离的掷球时,一般采用单手肩上掷球的方法。

动作方法:两脚前后开立,两膝弯曲,单手持球,屈臂于肩上。掷球前,持球手臂后引,同时身体随之侧转,重心移到右脚上。掷球时,利用后脚用力蹬地、转体和挥臂、甩腕的力量将球掷向预定的目标。

(2)单手低手掷球:单手低手掷球,由于掷出的球是沿着地面滚动,所以平稳而易接,但掷出的球力量较小,适用于掷给近距离的同伴。

动作方法:两脚前后开立,两膝弯曲,单手持球于体侧。掷球前持球手臂后摆,同时身体随之侧转成侧前屈,重心移到后脚上。掷球时,利用后脚向后蹬地和挥臂、甩腕、手指拨球的力量将球掷向预定的目标。

(3)勾手掷球:勾手掷球掷得最远,一般在需要掷给远离自己的同队队员时,可采用这种掷球方法(见图3-1-35)。

动作方法:两脚前后开立,身体侧对出球方向,单手持球后引,臂微屈,同时重心移到后脚上。掷球时,后脚用力向后蹬地,同时转体,重心由后脚移向前脚,当持球手臂由后经体侧沿弧线摆至肩上时,手指和手腕用力将球掷向预定的目标。球出手后,掷球手臂继续前摆,上体前倾后脚向前迈出,维持身体平衡。

图 3-1-35　勾手掷球

8.抛踢球

它是守门员把获得的球直接给远离自己的同队队员的技术动作。抛踢球有踢自抛的下落空中球和踢自抛的反弹球两种方法,踢自抛的下落空中球和踢自抛的反弹球的动作与脚背正面踢球基本相同,但守门员向前上方踢,要求踢得远(见图3-1-36)。

图 3-1-36　抛踢球

二、足球战术

(一)足球战术的分类

1.进攻

(1)个人:传球、射门、运球、过人、接球、掷球、摆脱、跑位。

(2)局部配合:掩护配合、传切配合、二过一配合及三人配合等。

(3)全队:边路、中路、转移、反击等。

(4)定位球:开球、角球、球门球、任意球、掷界外球、罚球点球。

2.阵形

四二四,四三三,四四二,三五二,五三二,一三三三等。

3.防守

(1)个人:盯人、选位。

(2)局部配合:临近位置配合、保护、补位。

(3)全队：区域、盯人、混合。

(4)定位球：开球、角球、球门球、任意球、掷界外球、罚球点球。

(二)局部战术

局部配合是指在局部地域两个或三个队员，通过传带球、跑位配合，突破一个或两个防守队员的方法。比赛中经常采用的二人局部进攻配合有传切配合、掩护配合和二过一配合。局部二人配合是整体进攻战术的基础。不论在任何一个场区，任何二名同队队员(守门员除外)都可以采用。完成二人配合的能力强弱，直接反映球队的进攻质量，而二人配合的质量与队员的技术水平及其配合的默契程度密切相关。

1. 传切配合

(1)直传斜插配合，进攻队员直线传球，接球队员从对方防守队员的内线空档斜线插入到他身后空档接球。如图3-1-37(a)所示，8号运球接近防守队员4号时，横传球给同伴7号队员，斜插接7号运动员的直传球。

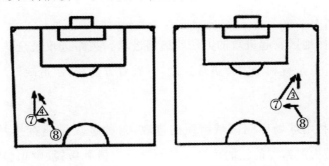

(a)直传斜插配合　　　　(b)斜传直插配合

图 3-1-37　传切配合

(2)斜传直插配合进攻队员作斜传，直接插到对方的身后空档接球，突破对方的防守。如图3-1-37(b)所示8号运球接近防守队员3号时，把球传给同伴7号队员，传球后突然起动，摆脱3号，直插接7号队员的斜传球。要求：控球队员用运球或其他动作诱使防守者上前阻截，这就为传球创造了条件。插入的队员用突然快速起动接球，但要注意起动时间，避免越位。

2. 踢墙式"二过一"配合方法

"二过一"配合是在局部地域，两名进攻队员通过两次传球越过一名防守队员的战术手段。进攻队员带球向前逼近后向另一队员脚下传球，该队员接球后直接将球传至防守队员背后空档，接应队员快速切入接球。如图3-1-38所示，8号队员向同伴9号队员脚下传球，9号直接传出，球好像碰在墙上，弹向防守队员3号的背后空档8号快速切入接球。

3.回传反切"二过一"配合方法

进攻队员回撤迎球,防守队员紧逼,接应队员接球后再回传给立即返身切入防守队员身后空档的接球同伴。如图3-1-39所示,11号回撤迎接球,防守队员2号紧逼,11号将球回传给同伴10号,反切接10号传至2号身后空档的球。

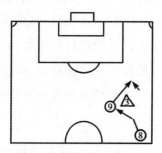

图3-1-38　踢墙式"二过一"配合方法

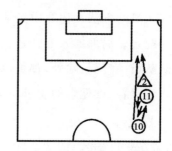

图3-1-39　回传反切"二过一"配合方法

(三)全队进攻战术

1.边路进攻

利用球场两侧地区发起进攻的方法叫边路进攻。边路进攻是全队进攻战术的主要形式之一,其特点是有利于发挥进攻速度,打破对方防线,制造缺口。

2.中路进攻

中路进攻是利用球场中间区域组织的进攻,这种进攻虽能直接射门,但难度最大,因中路防守最为严密。前场的攻击手必须是反应极其敏锐、意识强、技术高、敢于冒险、速度快和善于跑位策应的队员。

3.快速反击

比赛中当攻方进攻时,后卫线往往压至中场附近,防守人数也由于插上进攻和助攻而相对减少,此时如能抓住对方防区空隙较大和回防较慢的机会,乘其失球发动快速反击,往往能取得良好的效果。快速反击是最有威胁的进攻手段,有效的进攻在于突然快速地反击,但其难度较大,既要冒险,又要有准确快速的传切配合技能。快速反击要有组织,配合要极为默契,必须进行专门性的训练,否则很难在比赛中实施。

(四)定位球战术

定位球战术是指在比赛中利用"死球"后重新开始比赛的机会组织进攻与防守配合的战术方法。定位球战术包括中圈开球、角球、任意球、点球和掷界外球等。在势均力敌的高水平比赛中,定位球战术有时起决定胜负的作用。在配合上要利用简练的一次配合取得射门机会,配合越复杂,成功率就越低,故要进行专门性的练习,才能在比赛中奏效。

(五)全队防守战术

全队防守战术可分为两种基本类型:盯人紧逼防守(人盯人防守),即在规定的范围内盯人紧逼,不交换看守;区域紧逼防守(盯人和区域相结合),即现今流行的综合防守,紧逼和保护相结合,在个人的防区内紧逼,作交替看守。盯人防守即各自都有明确的防守对象,如对方左边锋大幅度地斜插至右路,则右后卫紧跟盯防,不交替看守。防守最根本的原则是紧逼和保护,只有紧逼才能有效地主动抢断,压制对方技术的优势而获取主动权,保护是为了更好地紧逼和控制空档。

(六)比赛阵形

1.阵形的发展和演变

为了适应攻守战术的需要,全队队员在场上的位置排列和职责分工称为比赛阵形。各阵形的名称是按队员排列的位置而定。自19世纪中期世界上有了第一个足球比赛阵形到今天的"四三三""三五二""四二四"等,以及某些国家所采用的"水泥式""锁链式"等,都是沿着这一个客观规律演变和发展的。

2.各个位置的职责

(1)守门员的职责:拿到球,你就是进攻的发起者,立即跑向大禁区角,两边的边后卫第一时间拉边,同时,后腰、前腰开始迅速跑位接应。

(2)边后卫的职责:边后卫主要是防守对方的边锋以及其他进攻队员在边路的活动,破坏对方由边路发动的进攻,同时还可利用插上助攻来直接威胁对方球门。

(3)中后卫的职责:中后卫有突前中后卫和拖后中后卫之分。前者主要任务是盯守对方突前的最有威胁的中锋,因而又被称为盯人中后卫;后者则主要担负整个防线的指挥任务,其站位经常处于其他防守队员后面,一般称为自由中卫。

(4)前卫的职责:前卫通常称为中场队员。中场是一个非常重要的区域,控制了中场也就是得到了比赛的主动权,因此比赛各队往往都在中场投入较大力量。

(5)前锋的职责。

1)单前锋:单前锋战术里面的前锋的职责不是为了进球,而更多的是起到做球和牵引对方中后卫的作用,为前腰和别的前插队员制造杀机,通常需要背对球门接球,而防守方只求破坏。因此进攻队员(尤其是策应型中锋)更需要有一个迎球的意识,无论是背对球门还是侧身,这个时候他作为一个前锋的回做球再反插就很重要。当由攻转守时,作为第一道防线,中锋应积极干扰破坏对方的进攻。如果对手进攻发动于自身附近,中锋应迅速跟上延缓对方推进速度,防止对方发动快速反击或见机行事,积极干扰和拼抢,以迫使持球者无法组织进攻。

2)双前锋:不能互相离得太远,两个前锋经常要做相互间的配合才能有威胁。双前锋的职责有时候是往边路扯动,充当一个边锋的角色。防守时候的职责是卡住对方两个后腰的传球路线。

三、考核项目

足球专项考核项目分为身体素质和基本技术两个大项,满分为100分。

(一)身体素质考核(队员、守门员)

30m起动跑。

(二)队员基本技术考核

(1)颠球。

(2)运球绕杆射门。

(3)定点传球。

四、考核办法及评分标准

(一)30m起动跑(30分)

(1)通过该项目的考核,重点考查受测考生起动速度、灵敏及协调性。

(2)考核办法及评分标准(见表3-1-1)。

考生站立式起跑,着足球鞋,不得穿跑鞋。每人测2次,计最好一次成绩,未到达终点者不计成绩,起跑抢跑2次不计成绩。

表3-1-1 30m起动跑考核内容及评分标准

30m起动跑	时间(男)/s	时间(女)/s	分 值	时间(男)/s	时间(女)/s	分 值
得分标准	4.40	5.40	30分	4.80	5.80	14分
	4.45	5.45	28分	4.85	5.85	12分
	4.50	5.50	26分	4.90	5.90	10分
	4.55	5.55	24分	4.95	5.95	8分
	4.60	5.60	22分	5.00	6.00	6分
	4.65	5.65	20分	5.05	6.05	4分
	4.70	5.70	18分	5.10	6.10	2分
	4.75	5.75	16分	5.11及以上	6.11及以上	0分

(二)颠球(30分)

(1)通过该项目的考核,重点考查考生颠球时控球能力和稳定性。

(2)考核办法及评分标准 发令"开始",计时,考生开始颠球,中途掉球可继续颠球;专人计数,2min到发令"停止",同时停表。计2min内累计次数(可以用大腿、胸部、头等部位颠球,计次数;手球不计该次次数)。每人测一次,计2min内总次数(见表3-1-2)。

表3-1-2 颠球考核内容及评分标准

颠球	时间	次数(男)	次数(女)	分值	次数(男)	次数(女)	分值
得分标准	2min	240次	180次	30分	130次	80次	14分
		225次	165次	28分	120次	75次	12分
		210次	150次	26分	110次	70次	10分
		195次	135次	24分	100次	65次	8分
		180次	120次	22分	90次	60次	6分
		165次	105次	20分	80次	55次	4分
		150次	90次	18分	70次	50次	2分
		140次	85次	16分	69次及以下	49次及以下	0分

(三)20m运球绕杆射门(20分)

(1)通过该项目的考核,重点考查考生运球技术的掌握,运球时速度、灵敏和控球能力。

(2)考核办法及评分标准 起点至罚球弧顶端距离为20m。距起点线4m处插第1根旗杆,第1,2,3,4,5,6,7旗杆间距为2m,第7,8旗杆间距为4m。球放在起点线,发令"开始"同时计时,考核者运球依次逐个绕过旗杆,当绕过最后一根旗杆后立即射门,球越球门线停表。每人测2次,每次考核在1min内完成,计最好一次成绩;运球中漏杆或未把球射进球门内不计成绩(见图3-1-40和表3-1-3)。

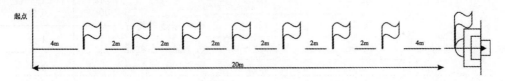

图3-1-40 20m运球绕杆射门考核内容

表 3-1-3　20m 运球绕杆考核内容及评分标准

20m 运球绕杆	时间(男)/s	时间(女)/s	分　值	时间(男)/s	时间(女)/s	分　值
得分标准	8.60	10.60	20 分	11.90	13.90	9 分
	8.90	10.90	19 分	12.20	14.20	8 分
	9.20	11.20	18 分	12.50	14.50	7 分
	9.50	11.50	17 分	12.80	14.80	6 分
	9.80	11.80	16 分	13.10	15.10	5 分
	10.10	12.10	15 分	13.40	15.40	4 分
	10.40	12.40	14 分	13.70	15.70	3 分
	10.70	12.70	13 分	14.00	16.00	2 分
	11.00	13.00	12 分	14.30	16.30	1 分
	11.30	13.30	11 分	14.31 及以上	16.31 及以上	0 分
	11.60	13.60	10 分			

(四)定点传球(20 分)

(1)通过该项目的考核,重点考查考生传球技术、力度及准确度。

(2)考核办法及评分标准从起点线向 25m(女 20m)处的直径分别为 2m,3m,4m,5m,6m 的圆圈内传球,以第一落点计算成绩。左、右脚不限,每人测 3 次,计 3 次平均成绩(保留一位小数点,四舍五入)(见图 3-1-41 和表 3-1-4)。

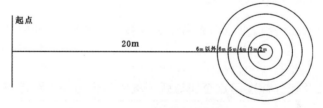

图 3-1-41　定点传球考核内容

表 3-1-4　定点传球考核内容及评分标准

定点传球	落点距离	分　值	备　注
得分标准	2m 内	20 分	压线球得分就高不就低
	2~3m	16 分	
	3~4m	12 分	
	4~5m	8 分	
	5~6m	4 分	
	6m 以外	2 分	

第二节 篮　　球

一、篮球基本技术与运用

(一)基本步法

1.进攻的基本步法

(1)0跨步急停。在快速跑动中急停时使用(见图3-2-1)。

图3-2-1　0跨步急停

技术要领：

1)一脚着地时,脚掌用力支撑身体以降低向前冲之动力,膝关节微屈以降低撞击力。

2)身体同时向后仰以降低向前之冲力,使重心转移,稍微向后。

3)另一脚着地时亦需用力抓住地面以平衡身体,而重心在两脚之间。

(2)0跳步急停。在跳起后急停时使用(见图3-2-2)。

图3-2-2　0跳步急停

技术要领：

1)双脚或单脚跳起后,上身微微向后仰以降低向前动力。

2)当双脚着地时,双膝同时微屈及降低重心以降低撞击力。

3)双脚用力抓住地面以平衡身体,重心在两脚之间。

(3)转身。持球时,以一脚为中枢脚来改变方向的步法。

技术要领：

1）双手持球,手肘向外下方以保护球。

2）双膝微屈以降低重心。

3）在转身前,自由脚用力向内蹬使重心移到中枢脚。

4）转身时,腰部转动以带动全身跟随自由脚移动,但须保持重心平稳,不要起伏。

5）转身后,自由脚着地,重心移回两脚之间。

（4）变向跑。用于摆脱防守或防守进攻球员（见图3-2-3）。

图3-2-3　变向跑

技术要领：

1）若在跑动中拟向右变方向,在左脚着地时,脚尖稍微向右并用力蹬地。

2）上身同时向右转,跟着右脚迅速向右方踏进,重心即转移至右方。

2.防守的基本步法

（1）滑步。用于较贴身之防守,并分为前滑步、后滑步及侧滑步,按滑动的方向而定（见图3-2-4）。

图3-2-4　滑步

技术要领：

1）双脚分开至约肩宽距离,双膝微屈,重心降低并位于两脚间,两肘向外抬高至胸部水平,上身稍前倾。

2）若向右滑动,左脚用力向内侧蹬地制造动力。

3）然后右脚踏地,在右脚着地时,左脚迅速跟随滑行。

4）跟着依次序重复以上动作,另在滑步时身体须平稳,不要起伏。

(2)交叉步。用于长距离的防守(见图3-2-5)。

技术要领：

1)与滑步同。

2)若向右移动,左脚用力向内侧踏地使重心移向右脚。

3)跟着左脚向右踏在右脚右前方,两脚成交叉状(称为前交叉),上身稍向右转(注：如左脚向右踏在右脚右后方,则称为后交叉)。

4)当左脚着地时,右脚迅速地向右跨步,动作须快,身体须保持平稳。

5)在练习时,可只单一作前交叉或后交叉的步法,亦可交替作前交叉及后交叉的步法。

图3-2-5 交叉步

(3)基本步法组合练习。

目的：掌握跑的基础技术动作。

方法：小步跑、高抬大腿跑、后踢腿跑、跨步跑、直线跑,距离20～40m。

要求：上体正直,跑的动作正确,上下肢配合协调。

1)加速跑。

目的：掌握加速跑技术动作；训练中枢神经兴奋、抑制转换速度——神经过程的灵活性。

方法：30～50m加速跑。

要求：步频逐渐加快,上体逐渐前倾,全身动作配合协调。

2)变速跑、全速跑。

目的：改善中枢神经系统的灵活性。

方法：30m,60m,100m变速跑、全速跑、折回跑。

要求：变速突然,全身协调配合。

3)追逐跑。

目的：提高反应速度和步频速度。

方法：2人一组相距4～5m站立,听信号后(也可用视觉信号),2人中速跑,距离不变,听到第二次信号后,后者追前者。

要求:听到第二信号突然加快步频,头两三步小而快,上体前倾。

4)起动。

目的:结合专项技术提高起动速度。

方法:原地做各种步法练习或两三步向不同方向的滑步,当教练员在球场中线向上抛球后,运动员快速起动不准球落地将球接住,接球后快速运球上篮。

要求:随时控制身体重心,起动迅速,起动初前几步的步幅小而快,上体迅速前倾。

5)起动—急停退—起动—急停退。

目的:练习快速起动,起动后的急停再起动的机动性。

方法:运动员站在端线,屈膝降低重心,两脚前后开立、稍宽于肩。听到哨音或教师的口令后,立即起动,向前跑3~4步自行跨步急停,急停脚步前后开立,左脚在前左手触地然后马上退后两步,右脚在后右手触地。再起动。前跑3~4步再急停,再后退同前。在半场内做3次,全场做6次。

要求:低重心,急停手必触地,马上退再起动,动作连贯无脱节。

6)侧向"8"字跑。

目的:训练脚步、髋关节的灵活性与协调性。

方法:运动员侧对前进方向,可单人也可2人一组进行。听到口令后开始练习。

例如:右肩对着前进方向,开始左脚前交叉跨过右脚后,右脚顺撤一步,变成右脚对着前进方向,左脚再在右脚的后侧跨过做后交叉,右脚顺撤一步。这样左脚在右脚的前面、后面不断地交叉前进。返回相反,右脚在左脚前后不断交叉通过向左侧做"8"字跑。这种侧向"8"字跑有两种:一种小步,高频进行;一种大步,高抬大腿进行。

要求:做交叉步的脚前后一样大小。难在后交叉,但动作关键是转动髋关节。大"8"字侧向跑练髋关节的柔韧和灵活性。

7)快速侧向防守移动。

目的:教学防守所需要的快速侧向脚步移动,发展防守素质。

方法:4~5名队员站在限制区内,教练面对队员。队员必须降低重心,处于防守站立姿势,好像他们在防守切入篮下的队员一样,进攻者运球时我们两脚平行站立。队员滑步移动时,他们应能用手掌触及地板,这样能使他们保持较低的防守姿势。开始先练习60s,然后延长到90s。当队员从一侧滑动向另一侧时,其前脚必须超出限制区。教练员应记录下每一队员所完成的往返次数。当防守队员滑步时,他们不得使脚拖地,也不得跳动滑步,因为练习脚步快速移动是相当重要的。

要求:向左侧滑步,后脚前掌内侧蹬地,左脚向左跨出落地,同时后脚紧随左脚滑动。移动时,保持屈膝、低重心。移动中,身体向上平稳,不要起伏。

(二)传球

1.基本持球动作

技术要领:双手五指自然分开,持在球的侧后方,拇指相对成"八"字形,虎口稍张大,双手拇指与食指形状近似三角形,用指根以上部位持球,避免用手心持球,自然屈肘并指向下方,将球置在胸前部位(见图 3-2-6)。

图 3-2-6　基本接球动作

2. 双手胸前传球(见图 3-2-7)

图 3-2-7　双手胸前传球

技术要领:
(1)手部做上述持球动作。
(2)左脚在前、右脚在后、身体面向目标。
(3)右脚向前踏,双手同时将球向目标直传。
(4)传球后双手伸直,手心及拇指向下,其余四指指向目标。

技术分析:
(1)预备动作:双手持球于胸前面向目标,手肘向下、两膝微屈,左脚在前、右脚在后,上身挺直,重心偏后脚。
(2)传球动作:注视目标,然后双手将球从胸前直传向目标,同时右脚后蹬,重心前移,上身稍前倾。前臂迅速向传球方向伸出,手心从内翻向外下方,拇指、食指及中指用力将球传出,动量从脚步经手臂输送至手指。
(3)跟进动作:出球后,两手自然伸展向目标,拇指及手心向下,其余四指指向目标,而两膝已然微屈成站立姿势,右脚在前,左脚在后。

3. 弹地传球(见图 3-2-8 和图 3-2-9)

技术要领:
(1)及(2)与胸前传球相同。
(3)右脚向前踏,双手同时将球向自己与目标间距离的 2/3 处(离自己)直传。
(4)与胸前传球相同。

技术分析:动作与胸前传球雷同,区别在于传向不同目标。

图 3-2-8　弹地传球(a)　　　　　图 3-2-9　弹地传球(b)

4. 双手头上传球(见图 3-2-10)

图 3-2-10　双手头上传球

技术要领：

(1)持球动作同上,将球置于头上方。

(2)至(4)与胸前传球同。

技术分析：

(1)预备动作：与胸前传球相似,双手持球于头部上方,手肘向前。

(2)传球动作：与胸前传球相似,双手将球头上传向目标。

(3)跟进动作：与胸前传球相同。

5. 单手肩上传球(见图 3-2-11)

图 3-2-11　单手肩上传球

技术要领：

(1)预备动作与前述的基本持球动作相同。

(2)左脚在前,右脚在后,左肩指向目标。

(3)传球前,把球从胸前引至右肩后方,并以右手持球,手心向上,手肘弯曲约成90°。

(4)跟着迅速地用右手把球向目标直传。

(5)传球后,右脚前踏,右手手心及拇指向下,其余四指指向目标。

技术分析:

(1)预备动作:与胸前传球类似,身体向右侧,左肩指向目标。

(2)传球动作:传球前,把球从胸前引至右肩上,身体稍向右,上身稍向右边水平扭动以储备扭力在传球时用,上臂与地面约成平行,手肘约成90°,跟着迅速由左肩带动上身向左边水平扭动,右手前臂同时向传球方向伸出,拇指、食指及中指用力将球传出。

(三)投篮

1.单手投篮(以右手投篮为例)

技术要领:

(1)双膝微屈,左脚在前,右脚稍微在后。

(2)右手持球于右肩前上方,左手扶着球的左侧。

(3)右脚向前踏至稍微超越左脚,并以右手手指及手腕向前上方(即篮筐的方向)拨球。

(4)直至手肘伸直,手指指向篮筐,全身自然伸展。

技术分析:身体朝篮筐方向,右脚在后,左脚在前,重心落在两脚之间,双膝微屈,身体稍前倾,右手肘抬起并指向前方,右手五指自然张开,手腕向后屈,持球约于肩上的位置,左手扶球。投篮时,下肢蹬地发力,右臂向前上方抬肘伸臂,手腕前屈,食指、中指用力拨球,通过指端将球柔和地投出。球出手瞬间,身体随投篮动作向上伸展,脚跟微提起(见图3-2-12)。

图3-2-12 单手投篮

2.双手投篮(见图3-2-13)

图3-2-13 双手投篮

技术要领：

(1)与单手投篮相同。

(2)双手持球于胸前或高些的位置。

(3)右脚前踏,双手手指及手腕向前上方(即篮筐的方向)拨球,与单手投篮相同。

技术分析：

(1)预备动作:与胸前传球的基本持球动作相同,唯球可置于胸前或高些的部位投篮。

(2)动量从脚经腰、腹传至双手。

(3)当动量传至手部,双手手肘自然地向前上方伸展。

(4)双手手腕及手指同时向篮筐方向拨球。

(5)球主要由拇指、食指及中指用力投出。

(6)投球后,双手手臂自然向前上方直伸,手指指向篮筐。

(7)投球时,全身自然伸直,至投球后,双膝微屈着上篮。上篮集合了运球与投篮的技术于一身,一般分为下手上篮(行进间单手低手投篮)及上手上篮(行进间单手肩上投篮),两者区别在于出手的方法不同。

3.下手上篮(见图3-2-14)

图3-2-14　下手上篮

技术要领：

(1)运球后用双手接球,同时右脚踏地。

(2)跟着左脚向前踏并用力向上跳。

(3)右膝向上抬,双手同时把球向上引,并用右手托着球的下方,左手则护着球的左侧。

(4)将球升至最高点时用手指把球向篮板轻拨。

技术分析:

(1)自己运球或接别人的球均相同地用双手把球接着,同时用右脚向前跨一步,这步的步幅大一点,向前冲以增加动力。

(2)左脚踏第二步时用力蹬地使身体向上升,这一步的步幅可略为小一点。

(3)左脚蹬地后,动量由下身输送到上身。

(4)首先是右脚抬膝至大腿与躯干约成90°以增加向上的动量。

(5)双手同时将球向前上方升起,此时,右手手心向上,指尖向前,托着球的下方以带动球上升,而左手则护着球帮助其上升。

(6)当球升到接近最高点时,左手自然离开球,右脚亦自然向下伸展使全身伸展及预备着地。

(7)当球升到最高点时,右手手腕带动手指把球向篮板轻拨(擦板射球)。

(8)球主要由食指及中指拨出。

(9)着地时,双膝微屈以减轻落地的撞击力。

4.上手上篮(见图3-2-14)

图3-2-14 上手上篮

技术要领:

(1)及(2)与下手上篮同。

(3)右膝向上抬,双手同时把球引至右肩前上方。

(4)当跳至最高点时,以单手投篮方法将球投出。

技术分析:

(1)及(4)与下手上篮同。

(5)双手同时将球升至肩上。

(6)此时,右手五指自然张开,手心向前上方,指尖向后上方托着球的后下方而左手则扶着球,动作与单手投篮同。

(7)当跳至最高点时,右脚已自然向下伸展以预备着地,而双手则以单手投篮方法将球投出。

(8)着地时,双膝微屈以减低落地的撞击力。

(四)运球

1. 高运球

抬头,目视前方,上体稍前倾,以肘关节为轴,用手按拍球的后侧上方,球的落点在身体侧前方,球反弹的高度在腰、胸之间,一般拍一次球跑两步。

技术要领:手按拍球的部位正确,手脚配合协调。

2. 低运球

抬头,目视前方,两腿迅速弯曲,降低重心,上体前倾,靠近防守队员的一侧,用身体和腿保护球。同时,用手短促地按拍球,球从地面反弹的高度控制在膝部以下,以便摆脱防守继续前进。

技术要领:两腿迅速弯曲,降低身体重心,上体前倾;手按拍球短促有力,控制球的高度;手脚配合协调一致。

3. 体前变向换手运球

技术要领:运球队员要从对手右侧突破时,先向对手左侧快速成运球,当对手向左侧转移身体重心准备堵截时,运球队员突然变换运球的方向,用右手按拍球的右侧上方,并靠近身体向左侧送拍球,使球的落点靠近左脚,向身体左侧反弹,同时,右脚向左前方跨步,上体左转侧肩,以臂、腿、上体保护球,换左手按拍球左侧上方,从对手右侧运球突破。

4. 体前变向不换手运球

体前横运球时,将球从身体右(左)侧按拍向身体中间的位置,手随着球移至体前,上体也随着向右(左)侧晃动,再将球拉回右(左)侧,左(右)脚向右(左)迅速跨出,侧身护球用右(左)手运球加速突破防守。

技术要领:手按拍球的部位和拉拍球的动作,同时要及时跨步、侧身护加速超越对手。

5. 运球转身(见图3-2-15)

图3-2-15　运球转身

当对手堵截运球路线时,运球队员将球控制在身体右侧:左脚向前跨出一步为中枢脚,置于对手两脚之间,然后右脚用力蹬地后撤,顺势做后转身动作。

在转身的同时,右手按拍球的右前方,将球拉引身体的侧后方落地,转身后换用左手推拍球,从对手的身体右侧突破。

技术要领:

(1)双脚微屈,前后站立。

(2)运球的手屈曲,手肘向后,手心向球。

(3)运球时以手掌(手中心除外)触球并向下压去,直至手肘伸直及手指向地。重复(2)~(3)。

(4)非运球的手肘抬高以保护球。

技术分析(见图3-2-16):

图3-2-16　运球技术分析

(1)预备动作:身体向右侧前方,双脚分开至大约与肩同宽,脚尖同样向右侧前方;双膝微屈,上身稍微倾斜,左手肘向侧抬至胸部与腰部之间以保护球。

(2)运球动作:右手五指自然张开,运球于身旁的位置(前后距离不超越两脚之间),主要以前臂及手腕来带动运球,并且用五指接触球以控制球的方向,眼望前方。

教学方法：

（1）学员运球按"S"字形绕过多个"雪糕筒"。

（2）两个学员向着对方运球，至相遇时与对方点头及握手。

（五）持球突破

1. 原地持球突破

技术要领：准备姿势是两脚左右开立，两膝微屈，持球于胸前，突破前应先做瞄篮或其他假动作吸引防守队员，或利用向右虚晃动作，使防守者重心偏于自己左侧，突破人立即用右脚内侧迅速蹬地，向左前方迈出一大步，脚尖向前，落在对方右脚侧，同时上体左转向防守者右前方插肩，重心向前移。右手迅速将球交到左手放于左侧，在左脚离地前，用左手放球于迈出的前脚侧面，同时左脚全力蹬地，加速超越对方。

2. 交叉步突破

技术要领：两脚左右开立，两腿微屈，重心下降，持球于胸腹前；突破时，左脚向左前侧虚晃一步，随即左脚内侧迅速蹬地并向右侧前方跨出一大步，同时上体右转探肩，贴近对手；球移动至右手，向左脚右斜前方推放球，右脚蹬地向前跨出，迅速超越对手。

3. 同侧步（顺步）突破

技术要领：准备姿势同交叉步，同侧步突破假动作主要与投篮密切结合，突破前应先瞄篮，当防守者重心向前或上提时，突破人迅速用左脚下内侧蹬地，右脚下快速向右前方跨出一大步，脚下落在防守者左脚下侧面，同时上体右转，向防守者左前方插肩，在左脚离地前，用右手放球于右脚下侧面，然后左脚下全力蹬地前进，全速超越对手，右手运球时，左肩、背起到护球和与对方对抗的作用。

4. 跳步急停持球突破

利用向侧面或前面跳步急停，与防守队员错位，进行突破，这种突破攻击性强，动作突然，并且能在移动中突然急停，做变向突破。由于是跳步，一步急停，所以两脚任何一脚都可为轴。

技术要领：跳步前，应清楚地了解防守者位置及同伴传球路线，随时做好向两侧或向前做跳步急停的思想准备。看到同伴传来球应迅速伸臂向来球方向迎球，同时用异侧脚蹬地，两脚稍腾空，向侧方或前方跳起接球，然后两脚平行落地（任何一脚可以做中枢脚），落地后两腿屈膝，重心降低，前脚掌支撑重心，然后再根据防守者错位情况，迅速用交叉步突破对手。

(六)个人防守技术

防守技术是队员在防守时,为了阻挠和破坏对手的进攻,达到夺球反攻的目的所采取的有关技术的总称。

1. 防守步法

防守基本姿势:两脚平等站立或斜侧向开立,比肩稍宽、屈膝,身体重心支撑点在两脚的前脚掌上,含胸、收腹,上体稍前倾,两臂屈肘侧举,上臂与身体夹角为60°,手掌向前,目视前方。

(1)侧滑步技术要领:右脚前脚掌内侧用力向左蹬地,同时左脚向左滑出半步,左脚落地同时,右脚迅速向左滑出半步,仍保持一定距离,不能相碰,两脚滑动离地不能太高,应当做到平贴着地面滑动,移动中身体不能起伏,头部要保持在一个水平面上,重心稳定。向右滑步动作要领与向左同,只是向反方向蹬地。

(2)前、后滑步技术要领:身体姿势与侧滑步相同,只是两脚稍分前后开立。向前滑步时,后脚前脚掌内侧用力向前蹬地,同时前脚下向前迈一小步,接着后脚迅速跟上半步,仍保持两脚原来距离。向后滑步时则用前脚掌用力向后蹬地,同时后脚向侧后方迈出半步,接着前脚迅速跟上半步,仍保持两脚原来距离与角度。前、后滑步时,前脚的脚尖应朝前。

(3)后撤步技术要领:站成防守基本姿势(以左撤步为例),两脚平行站立,右脚前脚掌内侧用力蹬地,同时左脚向左斜后方滑出一步,腰部用力向左稍有转动,带动上体移位。右脚迅速向左斜后方滑动一步,保持原来两脚距离,两臂侧举、屈肘,左臂低于右臂,腿部要有力量,重心要稳定,随时准备继续滑步,或向相反方向后撤步。

(4)攻击步技术要领:同防守基本姿势,两脚平行站立,当进攻者运球、停球或暴露球时,防守者左脚迅速蹬地,右脚向前跨出,右脚落地,左腿屈膝成箭步,前脚同侧手伸出打球,重心控制在腰部,以便抢不到球向后移动或恢复原位。有时为了让对方停球或威胁对方,突然运用攻击步假动作,当对方运球停止时,后脚紧跟跨上一步,贴近对手成平步防守,抢、打、封堵对手的球。

2. 打球

当进攻队员持球、运球、投篮时,防守队员都可以出其不意地突然打球,也可以在集体防守的配合过程中,通过堵截、夹击、关门等方法打掉持球队员手中球。

(1)自上而下打球:首先观察和判断好持球队员的情况,打胸前持球队员的球时(以右手打为例),右脚稍上步同时右手迅速伸前臂,等接近球时手腕全力向下挥动,带动手指、手掌外侧的短速弹击力量将球击落,动作须小,出击突然。

(2)自下而上打球:当对方注意力不集中或接高球正要下落时,用这种打球方法(用左手打为例),左脚稍向前移,同时左手前臂向前伸,掌心向上,接近球时,手腕向上振动,带动手指,指根用短促振动力量将球打掉,手指打球时要有向回带的动作,以便使球脱开对方持球部位后到自己面前。

3. 抢球

抢球是带有攻击性防守的重要技术之一,在对方动作迟缓、精神不集中或球保护不好的情况下,防守者可以大胆地抢球。

技术要领:抢球时要突然上步,靠近对手,同时伸出右臂右手迅速按在球上方(对方的两手之间),左手立即握住球的下方,右手下按球并将球向对方怀内旋转,左手用力协助转动。当球在对方手中转动时,右手回拉,球即脱开对方双手,将球抢到手。

4. 断球

(1)横断球。技术要领:要准确判断对方传球意图和球的飞行路线,要与对手有一定距离,使其同伴感到可以传球。准备断球时要降低重心,要与传球人、接球人保持一定角度,位置要靠近传球一侧。注意观察持球队员的动作,当持球者传球出手时,迅速向来球方向起跳。充分伸展腰腹和手臂,在截获来球后,立即收腹,双脚落地保持平衡并及时与运球、传球相接。

(2)纵断球。技术要领:以从对手右侧断球为例。纵断球时,右脚应向右前方(从对手侧后绕出断球时)或右侧前方(从对手身后绕出断球时)跨出,左腿从侧面绕过对手,同时右脚用力蹬地(或两脚蹬地)侧身向来球方向迅速跃出,两臂伸直将球断获。其他技术要领同横断球。

二、篮球战术

(一)进攻战术

篮球进攻战术是篮球比赛队员所运用的攻守方法的总称,是队员个人技术的合理运用和相互之间配合的组织形式。战术的目的就是针对对方的具体情况来确定比赛中运用技术的方法和形式去制约对方,掌握主动,争取胜利。

1. 基础配合

进攻基础配合是指2～3名进攻队员,为了创造进攻机会,合理运用技术而组成的合作方法。

(1)传切配合是进攻队员之间利用传球、切入等技术组成的简单配合。它包括一传一切和空切配合两种。传切配合的要求:切入队员要根据情况掌握切入的时机,果断快速摆脱对手,并随时注意接同伴的传球。传球队员要运用假动作吸引牵制对手。当切入队员已摆脱对手并处于有利位置时,应及时准确地把球传给他。

(2)掩护配合是指掩护队员采用合理的行动,用身体挡住同伴的防守者的移动路线,使同伴借以摆脱防守,或利用同伴的身体摆脱防守,从而接球进攻的一种配合方法。掩护时,掩护队员跑到同伴的防守者前、后或侧面,保持适当距离(要符合规则要求),两脚开立,膝微屈,两臂屈肘于胸前,上体稍前倾,扩大掩护面积。当同伴利用掩护摆脱防守时,掩护队员要及时转身跟进,准备抢篮板球或接回传球。掩护配合可以由无球队员给有球队员掩护,也可以由有球队员给无球队员掩护和无球队员给无球队员掩护。

(3)突分配合是指持球队员突破后,利用传球与同伴配合的方法。突分配合的要求:突破要突然、快速,在突破过程中既要做好投篮的准备,又要随时注意观察场上攻守队员的位置和行动,以便抓住有利战机,及时准确地把球传给有利进攻的同伴。

2.快攻

快攻是篮球比赛中最快及最直接的得分方法。快攻有很多模式,可由 2~5 人组合而成,但越多人组织而成的快攻越复杂。

(1)二攻一配合方法。当结束阶段形成二攻一时,两个队员应保持适当距离,依据防守队员的位置和防守情况进行配合。进攻队员④⑤短传推进至前场,持球队员⑤当防守队员④向前移动阻挠时,可乘机传给同伴④上篮(见图 3-2-17)。

若防守队员④无意中途堵截,而且紧逼进攻队员④,则⑤应直接运球上篮(见图 3-2-18)。

如果防守队员④中途上来防守⑤,⑤则乘机分球给异侧切入的同伴④投篮(见图 3-2-19)。

图 3-2-17 "二攻一"
乘机传球上篮

图 3-2-18 "二攻一"
直接运球上篮

图 3-2-19 "二攻一"
分球侧切投篮

(2)二攻二配合方法。当快速进攻阶段形成二攻二时,防守队员④迎前防守时,进攻队员④向插中的⑤传球,传球后迅速切向篮下,接⑤回传球上篮(见图 3-2-20)。

(3)三攻二配合方法。当结束阶段形成三攻二时,进攻队员应保持三角形拉开的纵深队形，两侧队员略为突前，中间队员稍靠后，以扩大攻击面，分散防守能力。同时应注意观察队员的站位情况，展开进攻配合。三攻二时，两个队员的站位一般分为二人平行站立、斜线站立和重叠站立3种阵形。

当④⑤⑥3人推进到中场时，如发现防守队员站成平行防守阵形时，应由⑥大胆从中间运球突破上篮（见图3-2-21）。

当⑥运球突破，⑤向前堵截时，⑥可乘机传给篮下移动的⑤投篮（见图3-2-22）。

图3-2-20 "二攻一"
传球上篮

图3-2-21 "三攻二"
突破上篮

图3-2-22 "三攻二"
移动投篮

如果④迅速退回补防⑤，⑤将球传给④上篮（见图3-2-23）。

如果发现两个防守队员重叠站位防守，进攻应从两翼运球突破，或突破分球，在一个区域造成多打少的优势。④⑤重叠站位防守，当⑥接近④时，及时传球给⑤，⑤运球突破，⑤向前防守时，⑥可乘机传球给④投篮（见图3-2-24）。

图3-2-23 "三攻二"
回退上篮

图3-2-24 "三攻二"
防守投篮

3.进攻人盯人防守

由于人盯人防守是篮球比赛中运用最普遍的防守战术，所以每一个篮球队员都必须掌握进攻人盯人防守的战术。

(1)进攻人盯人防守的基本要求。思想上要有所准备，沉着冷静；进攻队员在场上要保持一定距离或分散队形，拉大防区以便于各个击破；根据双方情况，扬长避短，发挥自己优势，有所侧重地组织进攻；控球队员不要急于处理球，特别应注意不要在边、角处停球，应积极组织队友运用传切、突分、掩护和策应等配合，争取局部突破，打乱其防守阵形，寻找战机。

(2)进攻人盯人防守的练习与提高。理论上先了解人盯人防守的特点和原则，在此基础上明确进攻的基本原则和要求等,在个人防守技术技能的基础上,先教进攻半场松动人盯人的战术配合,再逐渐加大难度进行练习。要注重提高防守的伸缩性,先在无球状态下练习,然后再结合防守者的移动进行练习和巩固提高进攻的质量,防守者的防守难度应根据进攻者的水平逐渐加大,最后在比赛中检验提高。

(二)防守战术

1. 基本配合

(1)挤过配合:挤过配合是指对方采用掩护进攻时,防守者为了破坏对方的掩护配合,当掩护者临近的一刹那,防守被掩护者的队员主动靠近对手,并从两个进攻者中间挤过去,继续防住对手。当掩护者靠近时,为避免掩护成功,防守者应及时侧身,运用碎步挤过,继续防守住对手。

(2)关门防守配合:防守者根据对手有球或无球及时选择有利的防守位置。

2. 防守快攻

拼抢前场篮板球,减少对方获球机会;破坏对方快攻的一传和接应;紧防快攻队员,切断长传路线;减低对方推进速度,利于及时组织防守。

3. 人盯人防守

(1)人盯人防守的概念和特点:人盯人防守战术就是每个防守队员守住一个进攻队员,在防住自己对手的基础上相互协作的全队防守战术。其特点是防守分工明确,能有效地抑制对手的中远距离投篮。但同时对个人防守能力和体力的要求较高,内线防守相对较弱。

(2)人盯人防守的分类:根据防守的区域可分为半场人盯人和全场人盯人防守;根据盯人的松紧程度又可分为松动人盯人和紧逼人盯人防守。

(3)人盯人防守的基本要求:防守时应以人(各自防守的对手)为主,人球兼顾,时刻注意人、球、对手、篮圈等的方位,随时调整自己的防守位置,并注意协助同伴防守,干扰和破坏自己附近的球和进攻队员;全队要有良好的配合意识,思想统一,配合默契,前后呼应,行动迅速,积极抢占有利位置,争取在气势上占据主动;防守无球队员时,以防止或减少对手接球为主,特别要防止对手在有威胁的区域内接球,人球兼顾,及时准备补防和断球;防守持球队员时,首先要防止对手的投篮和突破,干扰其传球。对手运球时,要迫使其向边、角方向移动并使其停球。对手停球后,要立即贴近进行紧逼防守,封堵传球。在整个防守有球队员的过程中,要积极利用抢、打、封、抹、盖等技术和各种假动作,破坏和夺取对方的控球权。

4. 区域联防

(1)区域联防概念和特点：区域联防是由进攻转为防守时，防守队员迅速退回后场，每个队员分工负责防守一定的区域，严密防守进入该区域的球和进攻队员，并与同伴协同防守，用一定的队形把每个防守区域有机地联系起来而组成的全队防守战术。它的特点是在每个人防守一定区域的基础上，随着球的转移和进攻队员的穿插移动而不断地调整防守的位置和队形（也简称为球动人动，人随球动），形成在有球的区域以多防少，并对运球突破者实施关门、夹击和补防等；而无球区域则收缩篮下，积极堵防。依据防守队员的站位形式，常把区域联防分为2—1—2联防，2—3联防，3—2联防，1—3—1联防及对位联防等几种。其中2—1—2联防是最基本的区域联防。在2—1—2联防的基础上，通过中间球员的上、下移动即可以形成3—2联防或2—3联防，通过顺、逆时针的旋转，又可以形成1—3—1联防等。

(2)区域联防分析：区域联防的重点是有球的区域和篮下，在任何一个有球的区域，都要求有主防该区者紧逼、相邻防区者协防、中间防区者随时补防的以多防少局面，从而形成防守的强侧。而处于无球区域的防守者则要回收篮下的限制区内，随时观察和堵防进攻者的切入，协助防守的强侧保护篮下。这种防守战术的位置固定，分工明确，重点突出，有利于围守持球者及保护篮下，并能有效地组织后场篮板球来发动快攻。但由于受区域分工的限制，不利于防守对手的中、远距离投篮。并且，各种联防的结合部位是防守的较薄弱区域，当对方球的转移速度较快时，容易形成局部区域的以多攻少。

(3)区域联防的运用时机：对方中远距离投篮不准而内线威胁较大时；对方个人突破能力强而本方的个人防守能力不足时；本队犯规较多而为保存实力时；对方不适应或有策略地改变防守战术时；对方比分落后而急于求成时；为了有组织地争抢篮板球和发动快攻时。

(4)运用区域联防应注意的问题：应根据队员、对手的特点等合理分配区域联防的阵形及个人的防守区域，最大限度地发挥队员的作用；由攻转守时，除积极阻止对方的快攻外，要有组织地快速退守并尽快落实好防守位置，坚守各自的防守区域；对进入本区的有球队员实施紧逼防守，其余同伴要积极移动，保持好队形协防或补防，人球兼顾；对无球队员的穿插移动，要根据其离球的远近和队友的位置积极抢位、堵截和护送，并及时与队友呼应联系，不让对手向有威胁的区域移动或接球。远离球的防守队员应起到指挥作用；进攻队员投篮后，每个防守队员都应该积极堵位和抢位，有组织地争抢篮板球，并及时发动快攻。

(5)区域联防的练习与提高：应以2—1—2联防为主要学习内容，基本掌握后再学习其他的联防阵形；重点掌握区域联防的基本队形、各队员的职责和各种情况下的配合方法;先慢后快、先简单后复杂,逐渐提高联防的伸缩性和多变性;在比赛中检验提高区域联防的质量。

(二)篮球运动规则简介

1. 场地、设备时间队员

(1)场地标准。

篮球场为长 28m、宽 15m 的长方形,场地面积均从界线内沿量起,场地各线的宽度为 0.05m。篮球场地分为若干个区。

1)三分投篮区:以篮圈中心点的投影为圆心(距离端线中点的内沿 1.575m),以 6.75m 为半径,画半圆弧,弧线两端接两条平行于边线的线,与端线交接。线宽包括在 6.75m 内。

2)罚球区、限制区:罚球区在球场两端,在纵轴上以距端线 5.80m 的点为圆心,以 1.80m 为半径,画出罚球弧。限制区由以往的梯形改变为长方形,长为 5.8m,宽为 4.9m,罚球线长 3.6m。从篮圈落地中心点画出一道半径为 1.25m 的半圆,这个区域称为"合理冲撞免责区"。

(2)设备。

1)篮板横宽 1.80m,竖高 1.05m。沿篮板四周画 0.05m 的线。在板面上篮圈后画宽 0.59m,高 0.45m 长方形(从外沿量起),线宽 0.05m。底线上沿与篮圈上沿齐平。篮板应牢固地垂直安置在球场两端的地面上,并与地面平行,下沿距离地面 2.90m。中心垂直落在场内距离端线中点 1.20m 的地方。篮架支柱应设在场外距离端线外沿至少 1m 处。

2)球篮包括篮圈和篮网。篮圈内径 0.45m,圈条的直径 0.02m。篮圈应牢固地安装在篮板上,必须呈水平状态,离地面 3.05m。篮网悬挂在篮圈上,长 0.40m。

(3)比赛时间、队员。

1)每队由 10~12 名运动员组成。比赛时,每队上场 5 人。比赛开始时,双方各 1 名队员在中圈跳球。

2)比赛应由 4 节组成,每节 10min。在预定的比赛开始之前应有 20min 的比赛休息期间。在上半时的第 1 节和第 2 节之间、下半时的第 3 节和第 4 节之间以及每个决胜期之前都应有 2min 的比赛休息期间。两个半时之间的比赛休息期间应是 15min。比赛休息期间开始于预定的比赛开始之前 20min。节结束于比赛计时钟信号响时。比赛休息期间结束于主裁判员执行跳球,当球离开他的手开始第 1 节时。所有其他每节的开始,即当掷球入界的队员可处理球时。如果第 4 节的比赛时间结束时比分相等,比赛有必要再继续一个或几个 5min 的决胜期来打破平局。

2.违例

违反规则的行为,但未造成犯规称违例。

(1)持球移动(带球跑):运球时,在球离手前,中枢脚不准离地;投篮或传球时,中枢脚可以提起,但在脚落地前,球必须离手,否则将判为违例。

(2)非法运球(两次运球):运球后停球在手,未经投篮或其他队员转手又再次运球,即判违例。

(3)拳击球与脚踢球:凡用拳击球,或用脚故意踢球,或用腿的任何部位阻拦球,均判违例。脚或腿无意中触球不算违例。

(4)球回后场:控制球的队员在前场,不得使球回到后场(以中线为界),球回后场后,被同队队员触及时,判为违例。

(5)违反时间规则上的违例。

3s违例:某队控制球时,持球队员或其同伴在对方限制区内停留超过3s。

5s违例:以下3种情况均判5s违例:①掷界外球时5s内未将球传给场内队员。②持球队员被严密防守时,在5s内没有传、投、滚或运球。③罚球队员得球后,5s内未将球出手。

8s违例:一个队从后场控制球开始,必须在8s之内使球进入前场,否则判为违例。

24s违例:一个队在场上控制球时,必须在24s之内投篮出手,否则判违例。

3.犯规

当违反规则涉及对方队员发生不合理的身体接触或不道德的行为时称犯规。它包括侵人犯规、双方犯规、聚众犯规、技术犯规等。

(1)侵人犯规:比赛中,双方队员发生不合理的身体接触,以下几种情况之一的,都应判为犯规:阻碍无球的对方队员行进而发生的身体接触;妨碍对方行动自由而发生的身体接触;从背后防守而发生的身体接触;队员通过伸展手臂、肩、髋、膝或过分地弯曲身体成不正常姿势,以拉、推、撞、绊来阻碍对手行进或使用粗野动作;用手触及对方;运球队员冲撞行进路线上的对方队员;队员掩护位置和距离选择不当发生的冲撞等。

(2)双方犯规:双方队员同时相互犯规,为双方犯规。

(3)聚众犯规:2人或2人以上的同队队员几乎同时在对方一个队员身上发生侵

人犯规为聚众犯规。

(4)技术犯规:故意地或连续地发生不遵守比赛规则,不服从裁判,做出不符合体育道德精神的行为,均视为技术犯规。技术犯规不仅包括场内和场上比赛队员的犯规,还包括场外替补队员、教练员、随从人员的犯规以及比赛中间休息期间的犯规。

4.暂停与换人

(1)暂停:在上半时(1,2节)的任何时候,每个球队可以被准予2次暂停;在下半期(3,4节)的任何时候,每个球队可以被准予3次暂停;在每一个决胜期期间,每个球队可以被准予1次暂停。未用过的暂停不得遗留给下一半时或决胜期。遇到下列情况之一者均可暂停:宣判争球时;宣判犯规时;宣判对方违例,本队掷界外球时;教练员请求暂停后,如对方投篮得分,也可以给予暂停;因特殊情况裁判员可以鸣哨暂停,但教练员不能进行场外指导。

(2)换人:已达第5次犯规的队员或已被取消比赛资格的队员在30s内被替换。遇到下列时机时,记录台鸣哨通知临场裁判员换人:请求暂停已被准许时;宣判争球时;宣判犯规时;队员受伤不能继续比赛时;裁判员因任何原因中断比赛时;掷界外球的队允许换人(另一方也可以请求换人),但跳球的队员不能由其他队员替换。

三、篮球考核内容及标准

(一)全场直线往返运球(2次)投篮

(1)方法:受测者持球于端线上,听到"开始"(同时开表)口令后即快速运球至另一端篮投篮,投中后再运球回到出发一端球篮投篮,如此往返两次,至第四个球投中后停表。

(2)规则:只能运用行进间单手低手(女生可高手)投篮,投中后方可运球返回,一次不中,可重复多次投篮,直到投中为止。运球、投篮过程中,受测者不能出现带球跑或2次运球违例,否则扣除相应技术评分定分。

(3)评分标准(见表3-2-1～表3-2-3)。

表3-2-1 全场直线往返运球(2次)投篮评分标准(1)

时间/s 得分 性别	100	98	96	94	92	90	88	86	84	82	80
男	26	27	28	29	30	31	33	35	37	39	41
女	33	34	35	36	38	39	40	41	42	43	44

表 3-2-2　全场直线往返运球(2次)投篮评分标准(2)

时间/s 得分 性别	78	76	74	72	70	68	66	64	62	60	58	56
男	42	43	44	45	46	47	48	50	52	55	56	58
女	45	46	47	48	49	50	51	54	56	58	60	62

表 3-2-3　全场直线往返运球(2次)投篮评分标准(3)

时间/s 得分 性别	54	52	50	48	46	45
男	60	61	62	63	64	65
女	63	64	65	66	67	68

(二)罚球线处(女生前移1m)原地投篮

(1)方法:受测者持球站于线外侧,原地连续投篮 10 次,以投中数计算成绩。

(2)规则:时间不限、姿势不限。投篮时脚不能踏线或站于线内,否则投中无效。

(3)评分标准(见表 3-2-4)。

表 3-2-4　罚球线外(女生前移1m)原地投篮评分标准

投中数 得分 性别	100	90	80	75	70	60	50
男	7	6	5	4	3	2	1
女	7	6	5	4	3	2	1

(三)1min 连续投篮

(1)方法:以球篮中心投影点为圆心,至罚线中点为半径(男 4.25m,女 3.25m)划一弧线,受试者持球于线外任何一点进行 1min 连续投篮,投篮后不用捡球,由其同伴负责捡球。

(2)规则:投篮形式(跳投或原地投)不限,姿势不限,投篮时任何一脚不能踩线或越过线,否则投中无效。

(3)评分标准(见表 3-2-5)。

表 3-2-5　1min 连续投篮评分标准

得分 投中数 性别	100	98	95	90	88	85	83	80	75	70	67	63	60	55
男	17	16	15	14	13	12	11	10	9	8	7	6	5	4
女	15	14	13	12	11	10	9	8	7	6	5	4	3	2

(四)行进间双手传、接球

(1)方法:2人一组,相距5～6m站于同一端线上,一人持球。听到"开始"信号后,同时启动,保持同样距离直线动行进间双手胸前接球,到达另一端线后按同样要求返回。

(2)规则:传接球过程中两人始终相距5～6m,不能带球跑。

(3)评价标准(见表3-2-6)。

表 3-2-6　行进间双手传、投球球评分标准

优秀	良好	合格	不合格
80 以上	70～80	60～70	60 以下

优秀:行进速度快,侧身中跑动作协调,传接球熟练、准确、流畅,动作舒展、规范,无违例失误。

良好:行进速度快,侧身跑动作比较协调,传接球较熟练、准确,动作比较舒展、规范,出现1次违例或失误。

合格:行进速度一般,跑动动作不协调,传球基本准确,动作略显生硬,2次失误或违例。

不合格:行进速度慢,跑动动作不协调,传球不准确,动作生硬不规范,3次以上失误或违例。

第三节　排　　球

一、排球基本技术与运用

(一)准备姿势与移动

准备姿势与移动是完成发球、垫球、传球、扣球和拦网等各项有球技术的前提和基础,并对各项有球技术的运用起串联和纽带作用。准备姿势和移动是相辅相成的,

准备姿势主要是为了移动,而要快速移动,又必须做好准备姿势。

1. 准备姿势

为了便于完成各种技术动作而采取合理的身体姿势称为准备姿势。合理的准备姿势是指使身体重心处于相对稳定的状态,又要便于移动和完成各种击球动作,为迅速起动、快速移动及击球创造最好的条件。按照身体重心的高低,准备姿势可分为一般准备姿势、后排防守准备姿势和前排保护准备姿势3种。

(1)一般准备姿势(稍蹲准备姿势)。两脚左右开立稍比肩宽,一脚稍前,两脚尖稍内收,脚跟稍提起。膝关节保持一定的弯曲,上体前倾,重心靠前。两臂放松自然弯曲,双手置于腹前。全身肌肉放松,两眼注视来球,两腿始终保持微动。一般用于扣球助跑前或对方正在组织进攻时,需快速起动的情况(见图3-3-1)。

(2)后排防守准备姿势(半蹲准备姿势)。后排防守准备姿势与一般准备姿势动作方法相同,只是比后排防守准备姿势重心稍低,膝关节的投影在脚尖(见图3-3-2)。

(3)前排保护准备姿势(低蹲准备姿势)。前排保护准备姿势比后排防守准备姿势的身体重心更低,更靠前,两脚左右前后的距离更宽一些,膝部弯曲程度更大一些;肩部投影过膝,膝部投影过脚尖,双手置于胸腹之间。低蹲姿势主要用于防守和接拦回球等(见图3-3-3)。

图3-3-1　一般准备姿势　　图3-3-2　后排防守准备姿势　　图3-3-3　前排保护准备姿势

2. 移动

从起动到制动的过程称为移动。移动的目的主要是及时接近球,保持好人与球的位置关系,以便击球。迅速的移动可占据场上的有利位置,争取时间和空间。队员能否及时移动到位,直接影响着技战术的质量。移动是由起动、移动步法和制动3个环节所组成的。

(1)并步与滑步:当来球距身体一步左右时可采用并步移动,如向前移动时,则后腿蹬地,前脚向来球方向跨出一步,后腿迅速跟上做好击球准备。当球在体侧稍远时,并步不能直接近球时,可快速连续并步,连续的并步即滑步。

(2)交叉步:以向右交叉步为例。上体稍向右转,左脚从右前面向右交叉迈出一步,然后右脚再向右跨出一大步,同时身体转向来球方向,保持击球前的姿势。

(3)跑步:球离身体较远时需用跑步,采用跑步移动时,两臂要配合摆动,根据来球的方向,边跑边转身,并逐渐降低重心,保持好击球准备。

(4)跨步和跨跳步:跨步比交叉步移动距离近,便于接1～2m高的低球。移动时步幅较大,身体重心较低,如向前移动,则后脚用力蹬地,前脚向前跨出一大步,膝部弯,上体前倾,身体重心移至前腿上,可以向前、向斜前或向侧方。跨步过程中有跳跃腾空即为跨跳步。

(5)综合步:以上各种步法的综合运用。

(二)传球

1.正面传球

面对目标的传球称为正面传球。它是传球中最基本的方法,是掌握和运用其他各种传球技术的基础(见图3-3-4)。

技术要领:正面传球时,两脚左右开立,约与肩同宽,一脚稍前,后脚脚跟略提起,两膝微屈,重心落于两脚之间,上体稍前倾,两肩放松,抬头注视来球,两臂屈肘举起,手的高度在脸前。两肘自然下垂,手腕稍后仰,十指张开成半球形,两拇指相对呈"一"字形(见图3-3-5),击球之前,手掌应略相对,置于额前,手指自然弯曲,手腕稍后仰,以稍大于球体的半球形手形去迎击来球。当手指触球时,应在击球前手形的基础上,以手指的不同部位触及球体。正确的迎球动作是从下肢发力开始的。首先以伸膝、伸髋使身体重心上升,接着是屈踝、伸肘使两手迎向来球,最后在前额的正前上方约一个球的位置用力将球传出。

图3-3-4　正面传球

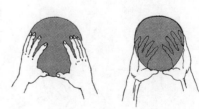

图3-3-5　正面传球手势

2.背传

传球技术中,背对传球目标的传球叫背传(见图3-3-6)。

技术要领:传球前身体背面要对正传球目标,上体保持正直或稍后仰,击球点比正面传球要稍高。迎球时,微微仰头挺胸,在下肢蹬地的同时,上体向后上方伸展。击球时,手腕适当后仰,使掌心向后上方,手指击球的底部,利用抬臂、送肘的动作使手指、手腕主动向上方用力以及两拇指主动上挑的力量将球向后上方传出。

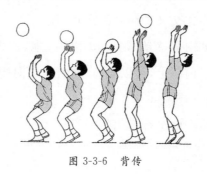

图 3-3-6 背传

3.跳传

运动员利用助跑或原地起跳,在空中进行单、双手的传球叫跳传。

技术要领:跳起后,在身体上升快要接近最高点时开始做迎球动作,用抬大臂和伸肘的动作去迎击球,当身体上升到最高点时恰好触及球,这样可以借助身体最后的上升力量来加大传球力量。击球的手形,击球点手指、手腕动作相同于原地正面传球技术。

(三)垫球

1.正面双手垫球

正面双手垫球是指运动员用双手在腹前将球垫起的动作。它是最基本的垫球方法,是各项垫球技术的基础,适合于接各种发球、扣球和拦回球,有时也用于垫二传(见图3-3-7)。

图 3-3-7　正面双手垫球

技术要领:双手正面垫球时,两脚开立,稍比肩宽,适当提踵,双膝弯曲,在左半场及中场位置接球最好左脚在前,在右半场位置最好右脚在前。在中场也可采用内八字脚站位。上体自然前倾,全身放松,随时准备移动。击球前看准来球,成垫球手形(见图3-3-8),两臂夹紧,压腕、小臂外展前伸,插到球下,用前臂腕关节以上10cm左右的地方两臂桡骨内侧形成的平面击球的下部,击球点在腹前一臂距离,击球时向前上方蹬地抬臂,迎击来球,使插、夹、抬、蹬连贯完成,灵活控制传球方向和力量。

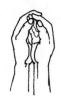

图3-3-8　正面双手垫球手势

2.体侧垫球

体侧垫球简称侧垫,是在身体侧面垫球的一种垫球方法(见图3-3-9)。

技术要领:以左侧垫球为例。右脚前脚掌内侧蹬地,左脚向左跨出一步,身体重心随即移至左脚,并保持左膝弯曲,两臂夹紧向侧伸出,左臂高于右臂,右肩向下倾斜,再用向右转腰和收腹的力量,配合两臂在体侧截击球的后下部,切忌随球摆臂。

图3-3-9　体侧垫球

3.背垫

背对出球方向的垫球方法叫背垫。

技术要领:背垫时,首先判断来球的落点、方向和离网的距离,迅速移动到球的落点处,背对出球方向,两臂夹紧伸直,插到球下。击球时,蹬地、抬头挺胸、展腹,直臂向后上方摆动击球。在垫低球时,也可利用屈肘、翘腕动作,以虎口处将球向后上方垫起。

4.挡球

来球较高、不便于用手臂点击时,用双手或单手在胸部以上挡击来球的击球动作,称为挡球(见图3-3-10)。

技术要领：

(1)双手挡球：手形有两种，一种是抱拳式，两肘弯曲，一手半握拳，另一手外包；另一种是并掌式(见图 3-3-11)，两肘弯曲，两虎口交叉，两臂外侧朝前，合并成勺形。挡球时手臂屈肘上举，肘部向前，手腕后仰，用双手手掌外侧和掌根所组成的平面挡击球的后下部。击球瞬间手、腕、腰紧张，用力适度。

(2)单手挡球：挡球时，手臂屈肘上举，肘部向前，手腕后仰，用掌根或掌心平面击球的后下部，击球瞬间手腕要紧张。如球较高，还可跳起挡球。

图 3-3-10　挡球

图 3-3-11　挡球手势——并掌式

(四)发球

1.正面上手发球

这种发球由于面向球网，便于观察对方，故易于控制球的落点(见图 3-3-12)。

图 3-3-12　正面上手发球

技术要领：

(1)准备姿势：面对球网，两腿自然开立，左脚在前，左手托球于体前。

(2)抛球：左手用掌平稳而准确地将球抛在体前右肩前上方，高度约 50cm。同时，右臂抬起，屈肘后引，肘略高于肩，上体稍向后仰。五指并拢，指尖朝上，手腕稍后仰保持一定的紧张，眼睛注视球体。

(3)击球:右脚蹬地重心前移,以收腹、屈体迅速带动手臂的挥动。挥臂成直线,在右肩前上方,用手掌坚硬部位击中球的后下部,击球瞬间顺势向前推压球(见图3-3-13)。击球后,便可迅速入场。

2.下手发球

下手发球动作技术简单,易于掌握,是学习发球技术的入门(见图3-3-14)。

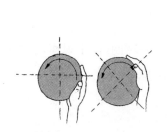

图3-3-13 击球手势

图3-3-14 下手发球

技术要领:

(1)准备姿势:面对球网,左脚在前,两膝微屈,左手持球于胸前,右手自然下垂。眼视前方。

(2)抛球:左手将球在体右侧抛起,高约20cm,抛球时,身体重心后移,同时右手后摆。

(3)击球:右脚蹬在后面,身体重心前移,右臂伸直,以肩为轴向前摆至腹前,用掌根击球的后下部。击球后,随着击球动作身体重心前移,迅速入场。

3.侧面下手发球

这种发球由于借助转体带动手臂击球,故较有力。

技术要领:

(1)准备姿势:左肩对网,两脚开立。

(2)抛球:左手抛球于胸前一臂之远,离手高约30cm,抛球同时,右臂摆至右侧后下方。

(3)击球:在抛球的同时,右臂摆至右侧后下方,接着右脚蹬地向左转体,带动右臂向前上方摆动,在腹前以全手掌击球的右下方。随着击球动作,迅速进入场地。

4.勾手发球

勾手发球所发出的球不旋转而在空中飘忽不定,具有很强的攻击性。发球队员由于采用侧面站立,可充分利用腰部扭转带动手臂加速挥动。这种发球比较省力,对肩关节负担比较小,因而适用于远距离发飘球。

技术要领:

(1)准备姿势:侧向球网开立,左手持球于胸前。

(2)抛球:左手用托送方法,抛球于左前上方约一臂之高,右手向后下摆动。

(3)击球:击球时,右脚蹬地,上体向左转动发力,带动右臂加速挥动。挥动时,右手臂伸直,在右肩的左上方,用掌根或半握拳击球中下部。击球时,有突停动作。

5.扣球

(1)正面扣球是扣球技术中最基本的一种方法,由于面对球网,便于观察,准确性较高,初学者必须掌握好正面扣一般高球后,再学习其他扣球技术(见图3-3-15)。

图 3-3-15　正面扣球

技术要领:

(1)准备姿势:站在离网3m左右处,两脚自然开立,两膝微屈,上体稍前倾,两臂自然下垂,观察二传来球,随时准备向各个方向助跑起跳。

(2)助跑:助跑的目的是为了获得一定的水平速度,增加弹跳高度,并且选择适当的起跳点。助跑的时机、方向、步法、速度、节奏是根据来球的方向、速度和弧线来决定的。因此,要全面熟练掌握一步、两步、三步及多步助跑的步法。以两步助跑为例:助跑时,左脚先向前迈出一步,接着右脚再迅速跨出一大步,左脚及时并上,落在右脚侧前方,两脚尖稍内收准备起跳。助跑的第一步要小,目的是对正上步的方向,使身体获得向前的水平速度;第二步要大,目的是接近球和提高助跑的速度,右脚落地支撑点在身体重心之前,有利于制动。

(3)起跳:在助跑跨出最后一步的同时,两臂绕体侧向后引,左脚在落地制动的过程中,两臂自后积极向前摆动,随着双腿蹬地向上起跳,两臂配合起跳用力上摆。

(4)空中击球:起跳后,挺胸展腹,上体稍向右转,右臂向后上方扔起,身体成反弓形。挥臂时,以迅速转体、收腹动作发力,带动肩、肘、腕各部位关节成鞭甩动作向前上方挥动。击球时,五指微张成勺形并保持紧张,用全手掌包满球,以掌心为击球中心,击球的后中部,同时主动用力屈腕屈指向前推压,使扣出的球加速上旋。击球点在起跳和手臂伸直最高点的前上方。

(5)落地:空中完成击球动作后,身体自然下落,为了避免腿部负担过重,尽量用双脚的前脚掌先着地,同时顺势屈膝,缓冲身体下落的力量。

6.调整扣球

扣从后场区调整传到网前的球称为调整扣球。在比赛中,尤其在"防反"时,这种扣球出现次数很多,实用性很强。调整扣球技术与正面扣球技术动作相同,但由于球从后场传来,因而,扣调整球助跑前要撤到边线以外,以便观察来球情况,选择准确的助跑、起动时机和起跳位置。扣球时,根据球与网的距离,灵活地运用近网扣球或远网扣球的不同手法。

7.扣快球

扣快球是指扣球队员在二传队员传球前或传球的同时起跳,把球扣入对方场区的一种扣球方法。这种扣球速度快、时间短、突然性强、牵制性大,能在时间上和空间上争取主动。快球分为近体快球、背快、短平快、背短平快、背平快、平拉开、半快球、调整快和单脚快等。

(1)近体快球:在二传队员体前或体侧约一臂距离处扣出的快球,统称为近体快球。由于近体快球的传球距离短,所以速度快、节奏快,与队友配合也有很强的掩护作用。

技术要领:扣近体快球时,应随一传助跑到网前,当二传传球时,扣球队员在其体前或体侧近网处迅速起跳,起跳后要快速挥臂,将刚刚传出网口的球扣入对方场区。击球时,利用收胸动作,带动前臂和手腕迅速鞭打甩动,以全手掌击球的后上部(见图3-3-16)。

图3-3-16 近体快球

(2)短平快:在二传队员体前2m左右处,扣二传队员传过来的高速平快球,称短平快球。这种扣球由于传球速度快,因而进攻的节奏快。二传的弧度平,进攻的区域宽,有利于避开拦网。

技术要领:扣短平快球,一般采用外绕或小于45°助跑,在二传传球的同时起跳并挥臂截击平飞过来的球,扣球手法与近体快球相同,还可根据对方拦网的位置提前或错后击球。

(六)拦网

1. 单人拦网(见图3-3-17)

图3-3-17　单人拦网

技术要领:

(1)准备姿势:面对球网,两脚平行开立约与肩宽,两手自然置于胸前。

(2)移动:可采用并步、跨步、滑步、交叉步、跑步等,将身体重心移动到拦网位置,准备起跳。

(3)起跳:移动后立即制动,使身体正对球网后起跳,或在跳起过程中在空中使身体转向球网。起跳时,膝关节弯曲,两脚用力蹬地,两臂在体侧划小弧线用力上摆,带动身体向上垂直起跳。

(4)空中击球:起跳后稍收腹,控制平衡。两手从额前贴近并平行球网向网上沿前上方伸出,两臂伸直,两肩尽量上提。拦击时,两手尽量伸向对方上空,接近球,两手自然张开,屈指屈腕呈勺型。当手触球时,两手要突然压腕,用力捂盖在球前上方(见图3-3-18)。

(5)落地:拦网后自然落回地面,落地时屈膝缓冲。

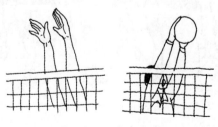

图3-3-18　空中击球

2.集体拦网

集体拦网有双人拦网和三人拦网。集体拦网的目的是为了扩大拦网的截击面。集体拦网除按个人拦网技术的要求外,更重要的是拦网队员之间的配合。集体拦网配合时应注意以下几个问题。

(1)集体拦网要确定以谁为主,密切协同配合,防止各行其是。

(2)主拦队员确定拦网中心,配合队员要及时选好起跳点,起跳时应避免互相冲撞和干扰。

(3)起跳后,手臂在空中要保持适当距离,尽量扩大拦击面,但手与手之间距离不要过大,以免造成漏球。

(4)扣球靠近边线时,靠边线近的拦网队员外侧的手应适当内转,以防打手出界。

二、排球战术

排球基本战术可分为个人战术和集体战术两部分。个人战术就是一名队员根据临场情况有目的地运用技术的过程,如扣球时的变线轻扣、打手出界等;集体战术就是2名或2名以上队员之间有组织有目的的集体协同配合。个人战术和集体战术相辅相成,互相促进,互相补充。一个队在选择战术时,首先应从本队的实际情况出发,根据本队队员的技术水平、技术特点、身体条件和体能等情况,选择与之相适应的战术,在运用战术时还要根据对方的技战术特点及临场情况,采取灵活的行动,打乱对方的战术意图,以掌握比赛的主动权。

(一)阵容配备、位置交换及"自由防守队员"的运用

1.阵容配备

阵容配备是参赛队根据比赛的任务、本队战术组织的特点及队员的身体情况,有针对性、合理地安排出场队员及位置分工,充分地调配力量,科学地组合人员的筹划过程。阵容配备的组织形式一般有"四二"配备、"五一"和"三三"配备3种。

"四二"配备是2名二传手、4名进攻队员,4个进攻队员为2名主攻、2名副攻。"四二"配备在中等水平球队中采用较多,2名二传手前后排始终保持一个,便于接应传球。

"五一"配备是1名二传手、5名进攻队员,5名进攻队员为2名主攻、2名副攻,二传对角是接应二传。由于目前比赛中引入了自由人,"五一"配备更加灵活。这种战术配备对二传手要求较高,一般在中高水平的球队运用较多。

初学者进行分队比赛时,可采用3名二传队员和3名进攻队员组成的"三三"

配备。

配备阵容应遵守以下原则:

(1)选择思想作风顽强、身体素质好、技术比较全面、临场经验丰富的队员,组成主力阵容。

(2)每一个轮次力争做到攻守力量的相对平衡,尽量避免弱轮的连续出现。

(3)要注意把平时配合默契的队员安排在相邻位置上,有利于组织战术配合。

(4)临场轮次的安排要有针对性,在对方攻击强的轮次,安排强有力的发球,破坏对方的一传,限制对方进攻战术的组成。

(5)安排拦网能力强的队员对付对方攻击力强的队员,把本方最强的队员安排在最得力的位置,把本方发球攻击力最强的队员安排在最先发球的位置上,争取好的开局,先声夺人。

2.位置交换

为了最大限度地发挥每个队员的特长,调动一切积极因素,加强攻防力量,弥补阵容配备上的某些缺陷,在规则允许的条件下,交换场上队员的位置用以组织战术的方法。

(1)位置交换的几种情况。

前排队员之间的换位:

1)为了加强进攻力量,发挥每个队员的进攻特点,可把强攻能力强的队员换到便于扣球的位置上。如右手扣球队员换到4号位,左手扣球队员换到2号位,把善于扣快球的队员换到3号位等。

2)为了加强拦网,把身材高大、弹跳力好、拦网技术好的队员换到3号位。

后排队员之间的换位:

1)为了加强后排防守,发挥个人防守专长,可把队员互换到各自擅长的防守区域,采用专位防守。

2)为了加强防守,还可根据临场情况,把防守能力强的队员换到防守任务较重的区域。

3)为了加强后排进攻,提高立体进攻的效果,把后攻能力强的队员换到6号位,以缩短与二传队员之间的距离,更便于组织立体进攻战术。

(2)位置交换时的注意事项。

1)发球击球前,应按规则的要求站位,防止因位置错误犯规。

2)在发球队员击球后,即开始换位,应力求迅速换到预定位置,以便准备下一个动作。

3）接发球时,应首先准备接起对方的发球,然后再进行换位,以免造成接发球失误。

4）当球判为死球时,应立即各返其位,尤其在对方掌握发球权时更应迅速返回原位,尽早做好接发球的准备。

3."自由防守队员"的运用

"自由防守队员"即"自由人",指不经裁判允许、不受换人次数的限制,可以替换后排任何一名队员完成防守任务,并在规则允许的范围内可以自由进出比赛场地参加比赛的队员。"自由人"的主要作用包括替换场上进攻能力强而防守能力较弱的队员;替换因进攻、拦网而体力消耗大的队员;替换上场后,适时传达教练员的临场指挥意图。

(二)个人战术与集体战术

个人战术是指在集体战术配合的基础上,队员根据个人的特点和战术的需要,巧妙地运用个人技术的变化,以达到有效的进攻和防守的目的。

1.发球战术

发球时要树立以我为主的观念,在观察和分析对方的具体情况后,根据场上比分情况及对方接发球情况,有针对性地采用以下几种不同的发球战术。

(1)加强发球的性能。

(2)控制发球的落点。

(3)改变发球的方法。

(4)增强发球的攻击性和准确性。

2.一传战术

一传个人战术是为了组成本队的进攻战术而有目的的垫球。比赛中,应根据各种战术进攻对一传的不同要求,调整一传的方向、弧线、速度和落点。

(1)组织快攻战术时,一传的弧线要低一些,速度要快一些,以提高进攻的节奏。

(2)组织前交叉战术时,一传的落点应靠近3号位。

(3)组织后交叉战术时,一传的落点应偏向2号位。

(4)组织2次球战术时,一传的弧线要高,应接近垂直下落,同时要注意一传位置与落点的角度,以便于前排扣球队员起跳扣球或转移传球。

(5)当对方将球传垫过网时,由于来球力量轻,可采用上手传球的方法,将球传给二传手或直接传给主攻队员扣两次球。

(6)当发现对方场区有较大空当或对方某队员无准备时,可直接将球传垫到对方空当或无准备队员处。

3.二传战术

二传手是组成战术的灵魂人物,二传个人战术运用得好坏,将直接影响全队战术配合的效果。二传个人战术的基本任务是合理、有效地组织进攻战术,给扣球队员创造最有利的进攻条件,增加对方防守的困难。

(1)灵活地运用传中与拉开,近网、中网与远网,高线度与低高度等变化球。

(2)传球时尽量避开对方拦网强的区域,选择拦网薄弱的区域作突破口。

(3)根据一传到位或不到位、高球或低球、近网或远网球等情况,合理组成进攻战术。

(4)根据对方防守布局,合理组织本方战术配合。

4.扣球战术

扣球个人战术是扣球队员在比赛中,根据对方拦网和防守的情况,选择合理有效的扣球方法和路线,突破对方防守的有意识的行动。

(1)避开对方拦网的扣球。

(2)利用对方拦网队员手的扣球。

(3)根据临场情况采取的扣球战术。

5.拦网战术

拦网的个人战术是通过拦网的时间、空间和技术动作的变化来实现的。正确地掌握起跳时间,使对方来不及改变扣球的路线;利用拦网技术动作的变化,迷惑对方扣球队员,造成扣球队员判断错误,使本方拦网成功。

(1)利用取位和空中变化的假动作迷惑对方。

(2)当发现对方企图打手出界或平扣球时,及时收回手臂,使对方扣球失误。

(3)当对方扣球威胁较小或判断对方可能采用吊球时,可先做拦网假动作,随即后撤防守。

6.防守战术

防守个人战术主要体现在防守队员能准确地判断来球,选择有利的位置,运用合理的击球动作,按战术要求将球防起。

(1)要根据对方二传的方向和落点,判断对方进攻点,及时移动取位,做好防守准备。

(2)要根据对方扣球队员的特点,采取相应的防守行动。

(3)要根据本方前排拦网的情况,主动配合和弥补。

(4)要根据比赛时的比分情况,注意分析对方扣球队员的心理活动,采取有效的防守措施。

集体战术是指运动员在比赛中,为突破对方防守或抑制对方进攻,灵活地运用合理的攻防技术,按照一定的形式,采取的有组织、有目的、有针对性的集体配合行动。不论采用哪种战术阵形,都要取位合理,范围明确,注意接应保护。

(三)接发球防守战术及其阵形

接发球防守是进攻的基础,它是由守转攻的转折点,如果没有可靠的一传作保证,就难以组成有效的进攻战术,甚至还会造成直接失分,随着各队发球攻击性的提高,给接发球及其进攻带来了一定难度,因此加强接发球能力的训练,提高接发球及其进攻水平就显得尤为重要。

1.接发球的基本要求

(1)正确判断。接发球的质量,很大程度上取决于能否进行正确判断,接发球时,队员的注意力要高度集中,充分做好接发球准备,根据对方的发球动作、性能、力量及速度,迅速做出正确判断,及时移动取位,对准来球线路,运用合理的垫球技术将球垫给二传队员。

(2)合理取位。在组成接发球阵形时,应以前排靠近边线的队员为基准取位,同列队员之间不要重叠站位,同排队员之间保持适当距离,以免相互影响。

(3)分工与配合。接发球时,每一个接发球队员都应明确接发球防守的范围,划分范围不仅是平面的,还应根据来球的弧度高低进行立体空间划分,接发球队员之间应既有分工,又有配合,注重整体接发球的实效性,接发球好的队员范围可大些,后排队员接球范围可大些,球落在3人之间,看准球先呼喊的队员去接球,其余保护,前排队员接球时不能犹豫,以免影响后排队员接球。

2.接发球阵形

在选择接发球阵形时,不仅要有利于接球,还要考虑本方所采用的进攻战术及对方发球的特点,按接发球人数来分,接发球阵形主要有5人接发球、4人接发球、3人接发球及2人接发球等阵形。

(1)5人接发球:除1名二传在网前站立或后排插上外,其余5名队员均担负起一传任务。通常为"一三二"(W型)(见图3-3-19)或"一二一二"(M型)(见图3-3-20)站位。这种队形便于队员分布,但二传插上距离较远或者进攻变化较少。

(2)4人接发球:二传和上快球队员站在网前不接发球,后场4人一字或弧线站立。这种方式便于二传传球和进攻跑动,但容易造成空心,对接发球判断和移动要求高,一般用来针对发球较差对手采用。

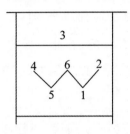
图 3-3-19 "一三二"(W 型)

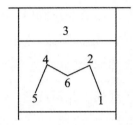
图 3-3-20 "一二一二"(M 型)

(四)进攻战术

1."中二三"进攻(中一二)

"中二三"进攻战术的基本配合方法是由前排 3 号位队员担任二传,其他 5 名队员都将来球垫(传)给二传队员,二传队员将球传给 4,2 号位或后排队员进攻的配合方法,称为"中二三"进攻战术,它是进攻战术中最基础、最简单的一种进攻战术形式(见图 3-3-21)。

2."边二三"进攻(边一二)

"边二三"进攻战术也是一种比较简单的进攻战术形式。它与"中二三"进攻战术相同之处,都是前排只有两名进攻队员,其不同之点是二传队员不是站在 3 号位,而是站在 2,3 号位之间,将球传给 3 号位或 4 号位队员进攻,这种进攻战术称为"边二三"进攻战术(见图 3-3-22)。

3."插三二"进攻(后排插上)

"插三二"进攻战术是现代排球先进战术的主要战术形式。其方法是由站在后排的二传队员在对方发球击球后,或由本队将对方进攻的球防起之后,迅速插到网前担任二传,将球传给前排三个进攻队员中任何一个队员扣球进攻,其他两个队员佯作进攻,这种进攻战术称为"插三二"进攻(见图 3-3-23)。

图 3-3-21 "中二三"进攻战术

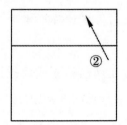
图 3-3-22 "边二三"进攻战术

图 3-3-23 "插三二"进攻战术

三、排球运动规则简介

(一)场地与器材

排球比赛场地长 18m,宽 9m,周围至少有 3m 宽的无障碍区。场地上空,从地面起至少有 7m 无障碍。球网全长 9.5m,宽 1m。网高:成人男子为 2.43m,成人女子为 2.24m。正式比赛用的排球为彩色的,其周长为 0.65～0.67m,重量为 260～280g,气压为 29.4～31.8kPa。

(二)基本规则

(1)排球是一项集体比赛项目,每队由 12 名队员组成,两队各派 6 名队员在由球网分开的场地上进行比赛。

(2)比赛的目的是各队遵照规则,将球击过球网,使其落在对方场区的地面上,防止球落在本方场区的地面上。每队可击球 3 次(拦网触球除外),将球击回对方场区。

(3)比赛由发球开始,发球队员击球使其从网上飞至对方场区,比赛由此连续进行,直至球落地、出界或某一队不能合法地将球击回对方场区。

(4)排球比赛目前一般采用五局三胜制,胜三局的队胜一场。比赛中,某队胜 1 球,即得 1 分(每球得分制)。接发球队胜 1 球时得 1 分,同时获得发球权,队员按顺时针方向轮转一个位置。每局比赛(决胜局第五局除外)先得 25 分并同时领先对手 2 分的队胜一局。当比分为 24∶24 时,比赛继续进行至某队领先 2 分为止。决胜局先得 15 分并同时领先对手 2 分的队获胜。当比分为 14∶14 时,比赛继续进行至某队领先 2 分为止。

(三)犯规

1.发球击球时的犯规

(1)发球次序错误。

(2)发球队员在击球时或击球起跳时,踏及场区(包括端线)或发球区以外地面。

(3)发球队员在第一裁判员鸣哨允许发球后 8s 内未将球击出。

(4)球未被抛起或持球手未清楚撤离就击球。

(5)双手击球或单手将球抛出、推出。

(6)将球抛起准备发球却未击球。

2.发球击球后的犯规

(1)球触及发球队其他队员或球的整体没有从过网区内通过球网的垂直平面。

(2)界外球。

(3)球越过发球掩护的个人或集体(在发球时,某一队员或两名以上队员密集站位或挥臂跳跃、移动遮挡接发球队员,且发出去的球从他或他们上空飞过,则构成个人或集体发球掩护犯规)。

3.位置错误

排球规则规定,当发球队员击球时,如果场上队员不在其正确位置上,则构成位置错误犯规。

4.击球时的犯规

(1)连击犯规,排球比赛时,运动员身体任何部分均可触球,但1名队员(拦网队员除外)连续击球两次或球连续触及其身体的不同部位即为连击犯规。但在第一次击球时,允许队员在同一击球动作中,球连续触及其身体的不同部位。

(2)持球犯规,排球运动员在比赛中,身体任何部分均可触球,但球必须被击出,不得接住或抛出,否则即为持球犯规。

(3)4次击球犯规,一个队连续触球4次(拦网除外)为4次击球犯规。队员不论是主动击球还是被动触及,均算该队员击球1次。

5.队员在球网附近的犯规

队员在球网附近的犯规包括过网击球犯规、过中线犯规、触网犯规和网下穿越进入对方空间妨碍对方比赛犯规等。对方进攻性击球前或击球时,在对方空间触及球为过网击球犯规。比赛进行中,队员整只脚、手或身体其他任何部分越过中线并接触对方场区,为过中线犯规。比赛过程中,队员触网或触标志杆不是犯规。但队员在击球时或干扰比赛情况下的触网或触标志杆为犯规。队员击球后可以触及网柱、全网长以外的网绳或其他任何物体,但不得影响比赛。比赛过程中,在不妨碍比赛的情况下,允许队员在网下穿越进入对方空间。若网下穿越进入对方空间的队员妨碍了对方比赛则为犯规。

6.拦网犯规

拦网犯规包括过网拦网犯规、后排队员拦网犯规、拦发球犯规和从标志杆外伸入对方空间拦网犯规几种情况。在对方进攻性击球前或击球时,在对方空间拦网触球为过网拦网犯规。判断过网拦网的依据是进攻队员与拦网队员触球时间的先后。后排队员或后排自由防守队员完成拦网或参加了完成拦网的集体,为后排队员拦网犯规。拦对方发过来的球为拦发球犯规。从标志杆外伸入对方空间拦网并触球为拦网犯规。

7. 后排队员进攻性击球犯规

后排队员在前场区内或踏及进攻线（或其延长线），将整体高于球网上沿的球，击过球网垂直面或触及对方拦网队员，则为后排队员进攻性击球犯规。

8. 暂停和换人

在比赛中，每队最多可以请求 2 次暂停和 6 次换人。暂停时间限制为 30s。第 1～4 局，每局另外有 2 次时间各为 60s 的技术暂停，每当领先队达到 8 分和 16 分时自动执行。决胜局（第 5 局）没有技术暂停，每队在该局中可请求 2 次 30s 的普通暂停。

四、排球比赛的欣赏

排球运动起源之初是顺应人们希望寻找一种运动量比篮球运动量小的娱乐项目，满足人们锻炼的身体需要。排球运动要求人们之间相互联系、合作对抗，具有游戏性和竞争性双重特点，因而深受人们的青睐，现已发展成一项世界性的重大比赛项目，表现出更大的竞赛性、技术性、技巧性、艺术性（指高水平队），由最初的单一性技术演变为传、垫、扣、发、拦等多项基本技术配合，紧张、复杂、多变、攻防节奏明显的独具魅力的竞技性运动。排球比赛中，对运动美的欣赏，是整个欣赏过程的核心。运动美一般包括动作美、技术美、战术美等内容。动作美指在运动过程中，人的形体或部位的造型所展现的美。在竞赛中，运动员的动作都是在"动"中进行的。因此，我们在观赏时，应把对动作美欣赏放在首要地位。排球运动的迅速发展，运动美有着重要的促进作用。排球运动的形式和特点决定了排球比赛自始至终都是在比赛双方的激烈对抗中进行的。在观看比赛时，人们欣赏的重点也自然集中在双方的攻防对抗上。一个队如何突破对方的防守，另一个队又如何防守进攻队的球而组织有效的进攻，往复进行，精彩纷呈。这一切是在双方队员和教练员共同努力，斗智斗勇，场上场下齐心协力完成的。场上激烈比赛，场下出谋划策，场上运动员的拼搏理应博得观众喝彩，场下教练员的谋略同样值得人们钦佩。

五、排球裁判手势图解及考试标准

（一）排球裁判手势图解

排球裁判在判罚时，通过哨音和手势来完成，裁判鸣哨后，以手势表示具体的判罚。包括得分、犯规、发球、暂停等（见图 3-3-24）。在裁判过程中，主裁判和副裁判一方鸣哨，均可进行判罚。判罚不一致的，由裁判协商，并由主裁判最终判罚。

发球手势:裁判挥手指示发球方向 	指示发球球队:向发球一方伸臂 	交换场地:屈肘,环身体两侧一前一后交替扭摆 
驱逐出场:一手出示双牌判驱逐出场(该局) 	取消资格:双手分别出示双牌,判取消资格 	一局或一场比赛结束:伸手交叉于胸前 
即行发球:掌心向上,手臂向前伸直提起 	延误发球:五指或三指向上伸张 	拦网犯规:双臂垂直举,手掌向上 
位置或轮次错误:以食指在腹前画圈 	界内球:伸臂,指向界内地面 	界外球:前臂垂直向上,双掌向后张开。 

图 3-3-24 排球裁判手势图解

持球：缓举前臂，掌向上	连击：手指示意"2"	四次击球：四指分开向上
触网：以犯规方的手指向网，并指出犯规队员的号码	过网击球：一手置于网上，掌向下	争球：双手跷起大拇指
打手出界：以掌划过另一手	后排队员过线扣球：手张开，以前臂做一下屈动作	侵入对方场区或球由网下穿过：手指向中线
延误警告：持黄牌或红牌指向手腕		

续图 3-3-24 排球裁判手势图解

(二)考试标准及要求

1. 排球考试内容

(1)上手传球技评与达标。

(2)下手垫球技评与达标。

(3)发球。

(4)扣球技评与达标。

(5)36m 移动。

2. 考核方法和标准

(1)上手传球技评与达标(技评与达标各50%)方法。

上手传球:男生两人隔网对传球;女生两人相距3m以上(无网)对传球,累计两人连续传球次数计算成绩。

规则:

1)传球均按照排球规则、技术的动作要领进行,如传球过程中出现持球和连击者算违例,每违例一次扣2分。

2)传球过程中如出现球落地,考试即停止,作考试一次。

3)在传球过程中如出现相距不达规定者,此传球次数不计算在累计数内。

4)两人传球的时间不限,最后以两人传球的累计数计算分数,即为各受测者的传球成绩。

5)两人传球的伙伴可自由选择,但每人只能被选择一次。

6)如果出现第二次选择,第二次选择者最高分为90分。被选择者以原来成绩为准,如果被选择者考试成绩有进步允许修改成绩,但最高分为90分(见表3-3-1)。

表3-3-1 上手传球技评与达标评分标准

得 分	100	99	98	97	96	95	94	93	92	91	90	89
累计数	120	118	116	114	112	110	108	106	104	102	100	98
得 分	88	87	86	85	84	83	82	81	80	70	60	50
累计数	96	94	92	90	88	86	84	82	80	70	60	50

技评要求和标准:

90分~100分:准备姿势充分,传球手型准确,击球点合理,动作协调,控球能力强与传球稳定。

80分~89分:准备姿势充分,传球手型较准确,击球点较合理,动作协调,控球能力与传球较稳定。

60分~79分:准备姿势较充分,传球手型一般,击球点不稳定,动作不太协调,控球能力与传球稳定性一般。

不及格:缺乏准备姿势,传球手型较差,击球点不合理,动作缺乏协调性,控球能力较差,传球不稳定。

(2)下手垫球技评与达标(技评与达标各50%)方法。

下手垫球:男生相距3m以上,女生相距2m以上对垫球,累计两人连续垫球次数计算成绩。每人2次考试机会,第2次机会最高分为90分,如还不及格允许第3次机会,最高分为60分。

规则:

1)垫球均按排球规则、技术动作的要领进行,每违例一次扣2分。

2)垫球过程中如出现球落地,考试即停止,作考试一次。

3)垫球过程中如出现相距不达规定者,此垫球次数不计算在累计数内。

4)两人垫球的时间不限,最后以两人传垫的累计数计算分数,即为各受测者的传球、垫球成绩。

5)两人垫球的伙伴可自由选择,但每人只能被选择一次。

6)如果出现第二次选择,第二次选择者最高分为90分。被选择者以原来成绩为准,如果被选择者考试成绩有进步允许修改成绩,但最高为90分(见表3-3-2)。

表3-3-2　下手垫球技评与棕标评分标准

得　分	100	99	98	97	96	95	94	93	92	91	90	89
累计数	120	118	116	114	112	110	108	106	104	102	100	98
得　分	88	87	86	85	84	83	82	81	80	70	60	50
累计数	96	94	92	90	88	86	84	82	80	70	60	50

技评要求和标准:

90分~100分:准备姿势充分,垫球动作准确,击球点合理,动作协调,控球能力强与垫球稳定。

80分~89分:准备姿势充分,垫球动作准确,击球点较合理,动作协调,控球能力与垫球较稳定。

60分~79分:准备姿势较充分,垫球动作较准确,击球点不稳定,动作不太协调,控球能力与垫球稳定性一般。

不及格:缺乏准备姿势,垫球动作较差,击球点不合理,动作缺乏协调性,控球能力较差,垫球不稳定。

(3)发球。

规则:按排球规则进行发球。

评分标准:男生正面上手发球(如以其他姿势发球,视发球失误论),女生发球姿势不限,每人发球 10 个,每球队 10 分来计算成绩。

(4)扣球技评与达标(技评与达标各 50%)。

方法:

1)男生:网高不低于 2.24m,在进攻区的 2 号位或 4 号位扣抛球或扣二传传球,每人 10 球。

2)女生:网高不低于 2.00m,在进攻区的 2 号位或 4 号位扣抛球或扣二传传球,每人 10 球。

规则及评分标准:

按排球规则进行扣球,每扣球成功一次并落在对方场区内得 10 分,失误或扣球出界得零分,以成功率计算成绩,满分 100 分。

技评要求和标准:

90 分~100 分:扣球动作正确,击球点高,力量大,攻击力强。

80 分~89 分:扣球动作基本正确,击球点和扣球力量中等。

60 分~79 分:将球扣过网,力量小或成弧线飞落。

59 以下:扣球动作不合理,扣球不过网。

(5)36m 移动。

测试者站在进攻线后看手势起动,前进后退两个来回,前进时必须用双手摸到中线,后退时必须双脚退到进攻线(手不能触及进攻区地面),接着变侧身滑步或交叉步移动两个来回(进攻线到中线之间),用单手摸线,不能转身,然后做钻网跑,用单手摸对方场地进攻线后折回跑,折回时用单手或超过出发线,每人 2 次机会(见表 3-3-3)。

表 3-3-3　36m 移动评分标准

成绩	100	95	90	85	80	75	70	65	60	55	50
男生/s	12	12.1	12.2	12.3	12.4	12.6	12.8	13	13.2	13.4	13.6
女生/s	13	13.1	13.2	13.3	13.4	13.6	13.8	14	14.2	14.4	14.6

3.考核说明

(1)排球课考核项目有 5 项,根据学校的要求允许在 5 项内自己选取考试的项目,选定后不得更改。

(2)每项考核有 2 次机会,第 2 次机会最高分为 90 分,如还不及格允许第 3 次机会,最高分为 60 分。

拓展篇

第四章　娱乐体育运动

第一节　乒　乓　球

一、乒乓球基本技术与运用

(一)握拍法

1. 直拍握法

以食指第二关节和拇指第一关节扣压拍前,虎口贴住拍柄,其他三指自然弯曲,中指第一关节顶在拍后中线,简称中钳式。

2. 横拍握法

虎口贴住拍肩,中指、无名指、小指握住拍柄,拇指放在正面,食指自然伸直置于背面。这种握法又称"八字式"。

(二)基本站位与基本姿势

1. 基本站位

乒乓球运动员的基本站位应当根据不同类型打法来确定,一般左推右攻打法在近台中间偏左,两面攻打法在近台中间,弧旋球打法在中台偏左,横拍攻削结合打法在中台附近,以削为主打法在中远台附近。

2. 基本姿势

两脚左右开立,比肩稍宽;两膝微屈,稍内扣;上体稍前倾,重心置于两脚之间并在前脚掌内侧;球拍置于腹前 20~30cm 处。

3. 基本步法

(1)单步。以一只脚为轴,另一只脚向前后左右不同方向移动,身体重心随之落在移动脚上。实战运用:接近网小球,削追身球,单步侧身攻,在来球落点位于中线稍

偏左或对推中侧身突袭直线或对搓中提拉球时常用。

(2)跨步。一脚蹬地,另一脚向移动方向跨一大步,蹬地脚随后跟上步或一小步,身体重心即移到跨步脚上。实战运用:近台快攻打法,用来对付离身体稍远的来球。削球打法,左右移动击球。跨步侧身攻,当来球速度较慢,但离身体稍远时,完成侧身移动。

(3)并步。一脚先向另一脚并半步或一小步,另一脚在并步脚落地后随即向来球方向移动一步。实战运用:快攻选手在左右移动中攻或拉球。削球选手正反手削球。并步侧身攻,多用于拉削球。

(4)跳步。以来球异侧脚用力蹬地,两脚同时离地向来球方向跳动。实战运用:快攻选手左右移动击球,常与跨步结合起来使用。弧圈类打法由中台向左右移动时常用。跳步侧身攻或拉,但在空中需完成转腰动作。削球选手在接突击球时常采用,但以小跳步来调整站位用得较多。

(三)发球与接发球技术

每一回合、每一局比赛都是从发球开始的,任何一种打法的运动员,都力求根据自己特点发出变化多端的球,给自己创造进攻的机会或限制对方第一板的抢攻。实践证明,发球在比赛中起着至关重要的作用,它是连接整个乒乓球技战术的重要环节。发球有平击发球、正(反)手发急球、正手发左侧上(下)旋球、反手发右侧上(下)旋球、正手发转与不转球、高抛式发球以及下蹲式发球等。接发球是乒乓球技术中一个重要的组成部分,比赛中如果接发球不好,不仅会给对方较多的进攻机会,而且更重要的是常会引起自己心理上的紧张和畏惧,造成一连串的失误。反之,如果接发球接得好,不仅有时可以直接得分,而且还可以破坏对方的抢攻,从而为自己的进攻创造有利的条件。常用的接发球技术有挡、推挡、搓球、削球、抢攻、抢拉等。

1.发左侧上、下旋球

正手发左侧上旋球时,手臂自右上方向左下方挥拍,球拍从球的右侧中下部向左侧面摩擦,手腕迅速上勾。正手发左侧下旋球时,球拍由球的右侧中下部向左下方摩擦。

2.正手发下旋球与不转球

发下旋球时,持拍手向前下方挥摆,击球前拍面稍平,击球时手腕发力摩擦球的底部。发不转球时,持拍手向前下方挥摆,击球前拍面稍竖直些,击球时不是摩擦球体而是推打球的中下部。

3.发右侧上、下旋球

持球手将球抛起时,持拍手快速向左上后方引拍,以球拍引至左肘下方外侧为宜,手腕适当内屈,拍面向左上方,待球在高点下降时,即向前击球。向前击球分两部分动作完成。从左后上方向右前下方挥摆为第一部分,从右前下方向右前上方挥摆为第二部分。这样,当发右侧下旋球时,用第一部分动作最后阶段击球,拍面从球的中下部向右侧下摩擦,触球后仍做第二部分动作,也称假动作。当发右侧上旋球时,第一部分动作为假动作,不击球,用第二部分动作击球。触球时球拍从球的中下部向右上方摩擦。

4.反手发急上旋球

发球时,持球手将球向上抛起的同时,持拍手迅速向左后方引拍,拍稍前倾,腰稍向左转,待球从高点下降到低于球网时,用前臂和手腕发力,击球的中上部,同时,腰从左侧向右侧转动。

5.接平击发球

由于平击发球不带有旋转,故接平击发球只要采用挡、推挡或攻球技术即可。

6.接左侧下旋球

接左侧下旋球时,球触拍后向自己的右侧下方弹出,因此,采用搓球回接时拍面后仰,并略向左偏斜,触球时应用小臂和腕部发力,向前下方发力摩擦球。对方来球越转,回接时摩擦球的力度也应越强。

7.接左侧上旋球

接左侧上旋球时,球触拍后向自己的右侧上方弹出,因此,采用推挡回接时拍面稍前倾并略向左偏斜,击球中上部偏右侧的部位,用力向前推挡,以抵消来球的左侧上旋力。如对方的球发到你的正手,也可采用攻球技术进行回击,拍形适当下压。

8.接下旋球

接近网下旋球时可采用搓、挑技术,接旋转强度较强的下旋球时,主要采用搓球技术;击来球下降期时,引拍比接一般下旋球稍高些,延长球在拍面上的摩擦时间。如果攻球回接,应注意调节拍形前倾角度,适当向上用力提拉。

(四)反手推挡

推挡是我国直拍快攻打法的基本技术之一,它在直拍左推右攻打法中占有极其重要的地位(见图4-1-1)。

图 4-1-1 推挡技术

推挡技术的特点：站位近，动作小，速度快，变化多。它在比赛中常常会起到由被动变为主动的作用，因此推挡是乒乓球运动的最基本技术之一。

动作要领：站位近台，身体重心保持在两脚之间。击球时手臂快速向前伸，手腕外旋，食指压拍，在来球反弹的上升期向前击球，触球中上部。击球后，手臂继续前送一段距离再还原。

（五）搓球技术

搓球是用类似削球的动作，在近台回击对手下旋来球的一种击球方式（见图4-1-2）。

图 4-1-2 搓球技术

搓球技术包括慢搓、快搓、摆短和搓侧旋四种技术，下面以慢搓和快搓技术为例。

（1）慢搓球动作要领：站位近台，两脚左右开立。反手搓球时，向左上方引拍，拍面稍后仰。击球时，上臂迅速前伸，前臂由上向前下方用力，手腕控制拍面稍后仰，在来球的上升期击球的中上部。

（2）快搓球反手快搓球时动作要领：站位近台，引拍至身体左上方。击球时，上臂迅速前伸，前臂由上向前下方用力，手腕控制拍面稍后仰，在来球的上升期击球的中上部。

（六）攻球技术

攻球技术是乒乓球的重要基本技术，是得分的主要手段之一，它包括快攻、快点、快带、快拉、突击、扣杀和杀高球等技术。下面以正手快攻和正手扣杀球技术为例。

1. 正手快攻

站位近台，转腰带动前臂向后引拍。根据来球的距离长短和高低情况调节好拍面的前倾角度,加速挥拍击球。击球时间在高点期或上升期,击球时拍面稍前倾,触球的中上部,向前下方用力。球击出后,迅速还原,准备下一次击球。

2．正手扣杀

站位的远近要视来球的长短而定,短的来球站位靠近台,长的来球站位靠中远台。击球前,腰部转动带动手臂向体侧后方引拍,加大球拍与来球的距离,以便获得更大的挥拍速度。击球时,拍略前倾,在高点期或上升期击球,通过腰、腿同时发力以增大扣杀力量,在手腕向前下方挥拍用力的同时,控制球的落点和方向,击球的中上部(见图4-1-3)。

图4-1-3 正手扣杀技术

(七)弧圈球技术

弧圈球是以旋转为主要特征的进攻技术,是乒乓球比赛中进攻得分的主要手段。弧圈球技术的主要特点是上旋性强、稳定性高、速度快、威胁大。

1．正手拉加转弧圈球

左脚在前,右脚在后,两膝微屈,重心落在右脚上。手臂自然下垂,拍形略前倾,当来球从台面弹起时,右脚蹬地,腰部向左上方转动,带动肩、上臂、前臂和手腕发力。在来球的下降期摩擦球的中部或中上部,击球后身体重心移至左脚。

2．正手拉前冲弧圈球

左脚在前,右脚在后,两膝微屈,重心落在右脚上。引拍手向右后方引拍,引拍位置比拉加转弧圈球稍高。击球时间在高点期或下降初期,拍面的前倾角度要比加转弧圈球大些,摩擦球的中上部,击球后重心移至左脚。

二、乒乓球战术

1．发球抢攻战术

发球抢攻是我国直板快攻打法的"杀手锏",是力争主动、先发制人的主要战术。各种类型打法的运动员都普遍采用发球抢攻来抢占每个回合的上风。发球战术运用的效果主要取决于发球的质量和第三板进攻的能力。发球抢攻战术因打法的类型不同而有所差异,但常用的发球抢攻战术,主要有以下几种。

(1)正手发转与不转。

(2)侧身正手(高抛或低抛)发左侧上(下)旋球。

(3)反手发右侧上(下)旋球。

(4)反手发急球或急下旋球。

(5)下蹲式发球。

2.接发球战术

接发球战术与发球抢攻战术同样重要,从某种意义上讲,接发球水平的高低可以反映出运动员的实战能力以及各项基本技术的应用程度。事实上,接发球者只是暂时处在被控制状态,如果破坏了发球者的抢攻意图或者为他制造了障碍,就减弱了对方抢攻的质量,也就意味着已经脱离被控制状态,变被动为主动了。控制与反控制是辩证的统一。常用的接发球战术有以下几种。

(1)稳健保守法。

(2)接发球抢攻。

(3)盯住对方的弱点,寻找突破口。

(4)控制接发球的落点。

(5)正手侧身接发球。

3.搓攻战术

搓攻战术是进攻型打法的辅助战术之一,主要利用搓球旋转的变化和落点的变化为抢攻创造机会,这一战术在基层比赛中被普遍采用。搓攻战术也是削球型打法争取主动的主要战术之一。常用的搓球战术有以下几种。

(1)慢搓与快搓结合。

(2)转与不转结合。

(3)搓球变线。

(4)搓球控制落点。

(5)搓中突击。

(6)搓中变推或抢攻。

4.对攻战术

对攻战术是进攻型打法在相持阶段常用的一项重要战术。快攻类打法主要依靠反手推挡(或反手攻球)和正手攻球(或正手拉弧圈球)的技术,充分发挥快速多变的特点来调动对方,常用的对攻战术有以下几种。

(1)紧逼对方反手,伺机抢攻或侧身抢攻、抢拉。

(2)压左突右。

(3)调右压左。

(4)攻两大角。

(5)攻追身球。

(6)变化击球节奏,加力推和减力挡相结合,发力攻、拉与轻打轻拉相结合,也可造成对手的被动局面。

(7)改变球的旋转性质,如加力推后、推下旋;正手攻球后,退至中远台削一板,对方往往来不及反应,可直接得分或创造机会球。

5.拉攻战术

拉攻战术是以攻为主的选手对付削球的主要战术。为了发挥拉攻的战术效果,首先要具备连续拉的能力,并有线路、落点、旋转、轻重等变化;其次要有拉中突击和连续扣杀等能力。常用的拉攻战术主要有以下几种。

(1)拉反手后,侧身突击斜线或中路追身球。

(2)拉中路杀两角或拉两角杀中路。

(3)拉一角或杀另一角。

(4)拉吊结合,伺机突击。

(5)拉搓结合。

(6)稳拉为主,伺机突击。

6.削中反攻战术

我国乒乓球坛名将陈新华和第 43 届世乒赛男单冠军丁松成功地运用削中反攻的战术创造了辉煌。这种战术主要靠稳健的削球限制对方的进攻能力,为自己的反攻创造有利条件。它不仅增强了削球技术的生命力,也促进了攻防之间的积极转化。常用的削中反攻战术主要有以下几种。

(1)削转与不转球,伺机反攻。

(2)削长短球,伺机反攻。

(3)逼两大角,伺机反攻。

(4)交叉削两大角,突击对方弱点。

(5)削、挡、攻结合,伺机强攻。

7.弧圈球战术

由于弧圈球战术把速度和旋转有效地结合起来,稳健性好,适应性强,许多著名

选手已用它去替代攻球或扣杀。常用的弧圈球战术有以下几种。

(1)发球抢攻。

(2)接发球果断上手。

(3)相持中的战术运用。

三、乒乓球运动规则简介

(一)场地、器材

1. 场地

乒乓球正式比赛场地应不少于14m长、7m宽、4m高,赛区由75cm高的同一深色的挡板围起。世界级比赛从台面高度测得的光照度不得低于1 000lx,整个台面照明度应均匀,光源距地面不得少于4m,地面应为木制地板或国际乒联批准的可移动塑料地板。

2. 乒乓球台、球网、球

台面用木料或国际乒联批准的其他材料制成,长2.74m,宽1.525m,离地面高76cm。台面须平整,具有一致的弹性,即当标准球从离台面30cm高处自然落至台面时,弹起高度约为23cm。台面呈均匀的暗色,无光泽,边沿四周画有一条2cm宽的白线,在纵向的台面中间画有一条3cm宽的白线。乒乓球网悬挂在一根绳子上,绳子的两端系在15.25cm高的直立网柱上,网柱的外缘离开边线外缘距离为15.25cm,整个球网的顶端距离台面15.25cm。乒乓球为圆球体,直径40mm,重2.7g,用赛璐珞或类似的塑料制成,呈白色、黄色或橙色,无光泽。

3. 乒乓球拍

乒乓球拍的大小、形状和重量不限,一般由底板、海绵和胶皮三部分组成。用来击球的拍面应用一层颗粒向外的普通颗粒胶覆盖,厚度不超过2mm,或用颗粒向内或向外的海绵胶覆盖,厚度不超过4mm。球拍两面均无光泽,且一面为鲜红色,一面为黑色。

(二)规则简介

1. 合法发球

(1)发球时,球应放在不执拍的手掌上,手掌张开和伸平。球应是静止的,在发球方的端线之后,比赛台面的水平面之上。

(2)发球员用手将球几乎垂直地向上抛起,不得使球旋转,球在离开不执拍手的手掌之后上升不少于16cm,球下降到被击出前不能碰到任何物体。

第四章 娱乐体育运动

(3)当球从抛起的最高点下降时,发球员方可击球,使球首先触及本方台区,然后越过或绕过球网装置,再触及接发球员的台区。在双打中,球应先后触及发球员和接发球员的右半区。

(4)从抛球前球静止的最后一瞬间至击球时,球和球拍应在比赛台面的水平面之上。击球时,球应在发球方的端线之后,但不能超过发球员的身体(手臂、头或腿除外)离端线最远的部位。

(5)从抛球到最后一瞬间挥拍击球时,发球员不能用不执拍手臂或身体的其他部位遮挡,应让接发球员和裁判员看清其整个执拍手臂的运动轨迹,即球与球网之间无障碍物。

2.合法还击

对方发球或还击后,本方运动员必须击球,使球直接越过或绕过球网装置,或触及球网装置后再触及对方台区。

3.重发球

出现下列情况应判重发球。

(1)如果发球员发出的球,在越过或绕过球网装置时,触及球网装置,此后成为合法发球或被接发球员或其同伴阻挡。

(2)如果接发球员或接发球方未准备好,球已发出,而且接发球员或接发球方没有企图击球。

(3)由于发生了运动员无法控制的干扰,而使运动员未能合法发球、合法还击或遵守规则。

(4)裁判员或副裁判员暂停比赛。

4.1分球

被判重发球的回合,下列情况运动员得1分:对方运动员未能合法发球、合法还击;在合法发球或合法还击后,对方运动员在击球前,球触及了除球网装置以外的任何东西;对方击球后,该球没有触及本方台区而越过端线;对方阻挡、连击;对方运动员或他穿戴的任何东西使球台移动、触及球网装置;对方运动员不执拍手触及比赛台面;双打时,对方运动员击球次序错误。

5.发球、接发球和方位的选择

(1)选择发球、接发球和方位的权力应由抽签来决定,中签者拥有首先选择权。

(2)在每获得2分后,接发球方即成为发球方。但双方比分都达到10分或实行轮换发球法时,发球和接发球次序仍然不变,每人只轮发1分球。

(3)在双打的第一局比赛中,先发球方确定第一发球员,再由先接发球方确定第一接发球员。在以后的各局比赛中,第一发球员确定后,第一接发球员应是前一局发球给他的运动员。

(4)在双打比赛中,每次换发时,前面的接发球员应成为发球员,前面的发球员的同伴应成为接发球员。

(5)一局中首先发球的一方,在该场下一局应首先接发球。在双打决胜局中,当一方先得5分时,接发球方应交换接发球次序。

(6)一局中,在某一方比赛的运动员,在该场下一局应换到另一方位。在决胜局中,一方先得5分时,双方应交换方位。

6.一局比赛与一场比赛

在一局比赛中,先得11分为胜方。若双方比分都达到10分,以后先多得2分的一方为胜方。一场比赛应采用五局三胜或七局四胜制。一场比赛应连续进行,除非是经许可的间歇。

(三)乒乓球考核内容及标准

1.反手推挡

(1)方法:两人反手左、右方斜线对推;各30s,连续击球的板数,被测者有2次机会(2次30s)测试。

(2)评分:达标、技评各占50%。达标评分表见表4-1-1。

技评标准:

100～90分:优秀。推挡动作熟练、协调,控制球能强击球有力量,速度。

89～80分:良好。动作熟练,较协调,有一定力量、速度,控制球能力较强。

79～70分:及格。动作较熟练,有一定力量、速度,协调,控制球能力一般。

69～50分:不及格。动作不熟练,速度慢,控制球能力差。

2.正手攻球

(1)方法:两人反手左方斜线对推;正手右方斜线对攻(或一推一攻)各30s,连续击球的板数,被测者有2次机会(2次30s)测试。

(2)评分:达标、技评各占50%。达标评分表见表4-1-1。

技评标准:

90～100分:优秀。推挡(攻球)动作熟练、协调,控制球能强击球有力量,速度。

80～89分:良好。动作熟练,较协调,有一定力量、速度,控制球能力较强。

70～79分:及格。动作较熟练,有一定力量、速度,协调,控制球能力一般。

50~69分:不及格。动作不熟练,速度慢,控制球能力差。

3. 左推右攻

(1)方法:陪测者有规律地向对方左1/3台和右1/3台处供球,被测者正、反手都命中为一组,每人做10组,计成攻组数。

(2)评分:达标、技评各占50%。达标评分表见表4-1-1。

技评标准:

90~100分:优秀。步法移动速度快,动作协调正确,击球弧线低、速度快,落点稳定。

80~89分:良好。步法移动速度较快,动作协调,击球质量好。

70~79分:及格。步法移动速度一般,动作较协调,击球质量一般。

50~69分:不及格。步法移动速度慢,不协调,击球质量差。

4. 反手搓球入区

(1)方法:两人反手对搓,被测者连续把球搓到规定落点(男生:1/4台,女生:1/3台),球过线不计板数,每人搓10板,计被测者搓球命中板数。

(2)评分:达标、技评各占50%。达标评分表见表4-1-1。

技评标准:

90~100分:优秀。动作正确、协调,控球能力强,有旋转,弧线低,落点稳。

80~89分:良好。动作较正确、协调,控球能力强,有一定旋转,弧线低,落点稳。

70~79分:及格。动作尚正确、协调,控球能力一般,有一定旋转,弧线稍高,落点不稳。

50~69分:不及格。动作不正确、协调,控球能力差,没有旋转,落点不稳。

表4-1-1 达标评分表

项目	(1)反手推挡　(2)正手攻球												
板数/板	0~9	10	11	12	13	14	15	16	17	18	19	20	21	22
分数/分	50	60	62	64	66	68	70	72	74	76	78	80	82	84
板数/板	23	24	25	26	27	28	29	30						
分数/分	86	88	90	92	94	96	98	100						
项目	(3)左推右攻　(4)反手搓球入区												
板数/板	1	2	3	4	5	6	7	8	9	10				
分数/分	50	60	65	70	75	80	85	90	95	100				

5. 发球

(1)方法:被测者将正、反手下旋球,正手左侧上(下)旋球,反手右侧上(下)旋球,

结合长、短球等发到规定落点,教师根据被测者发球质量(包括动作、旋转、落点等)进行评分。

(2)评分:技评占100%。

6.弧圈球

主要为介绍内容,如有技术掌握好的学生,也可选作考试项目。

(1)方法:被测者进行单线练习:一推一拉或搓中拉,教师根据被测者掌握弧圈球技术动作情况进行评分。

(2)评分:技评占100%。

第二节 羽 毛 球

一、羽毛球基本技术与运用

有人曾做过这样的比喻:"羽毛球的球拍是选手手臂的延伸。"正确的握拍可使其与人的手有机地融为一体,选手可用这只"延长的手"随心所欲地迎击不同方向、不同速度的来球,达到手与球拍之间完美的结合。

羽毛球的握拍分为正手握拍和反手握拍。但对于一名高水平的选手来说,握拍又不是一成不变的。在实战中为了更好地控制球的落点,应视具体情况,因时、因地细微地调整握拍,但所有这些调整都是建立在正、反手两种基本握拍技术的基础上的。

(一)握拍法

1.一般握拍法

一般握拍法可分为正手握拍法和反手握拍法两种。

(1)正手握拍法。

用握拍手手掌同侧的拍面击球叫正手击球,正手击球时的握拍方法为正手握拍法(见图4-2-1)。

方法:握拍手虎口对着拍柄窄面内侧小棱边,拇指和食指贴在拍柄的两个宽面上,食指和中指稍分开,中指、无名指和小指并拢握住拍柄,掌心不要紧贴,拍柄端与手腕部的小鱼肌平,拍面与地面垂直。

(2)反手握拍法。

用握拍手手背一侧的拍面击球叫反手击球,反手击球时的握拍方法为反手握拍法(见图4-2-2)。

反手握拍有下述两种形式：

1）在正手握拍的基础上，把球拍稍微外旋，拇指上提，食指收拢，拇指压住拍框的宽面，食指、中指、无名指和小指并拢。

2）在正手握拍的基础上，把球拍稍微外旋，拇指上提，食指收拢，形成拇指压住拍框的内侧小棱边上，食指、中指、无名指和小指并拢。

图 4-2-1　正手握拍法　　　　图 4-2-2　反手握拍法

2. 特殊握拍法

上述正常的正反手握拍法对于击高球、吊球、杀球、反手球、挑球、推球、抽球、挡球等比较用力击球的动作较适宜。在特殊情况下，如网前的封网技术、搓球、勾球、扑球、拨球、接杀勾球及被动放网球时，可采用特殊握拍法。如封网前球时，拍面与地面平行，虎口对准拍柄的宽面，其他手指与正常拍法相同，这种握拍法称为西式握拍法。双打站在网前封网者，使用这种方法比较有利。又如在处理网前搓球、扑球、拨球、勾球时及正、反手接杀勾对角球，正、反手网前被动放网前球时，握拍法均在一般握拍法的前提下，但手指及掌心的空隙等有细微的改变，以使击球更富灵活性、一致性和威胁性。

3. 握拍易犯的错误

(1)握拍手的虎口不是对着拍柄窄面内侧的小棱边上。

(2)各手指在握拍时相互靠得太紧，如同握拳头。

(3)掌心与拍柄之间完全没有空隙。

(4)食指伸直按在拍柄上。

(5)握拍时握得太紧，造成手腕部分过分僵硬，不利于发力。

(6)握拍位置太靠上，造成柄端露出太长，影响杀球动作。

(7)以一种握拍法去处理各种球，不利于提高击球的灵活性和威胁性。

(二)发球技术

发球是羽毛球运动的一项重要技术，它的质量往往直接影响到一个回合比赛的主动与被动。按发球姿势不同，可分为正手发球和反手发球。按发球时球在空中飞行的弧线不同,可分为高远球、平高球、平快球和网前球。正手发球可发出高远球、平高球、平快球和网前球,反手发球由于受挥拍距离较短的限制,只能发平高球、平快球和网前球。

1. 正手发高远球(见图 4-2-3)

动作要领:

(1)发球站位:站在靠中线、距前发球线 1m 之内。有时也可站在近前发球线,发球后再退至中心位置。

(2)准备姿势:左脚在前,左脚尖朝向球网,右脚在后,右脚尖朝向右斜前方,两脚间距与肩同宽,重心在两脚之间,自然放松站立,身体稍侧向球网。右手正手握拍,自然屈肘举于身体右侧;左手以拇指、食指和中指轻持球,举在胸前,两眼注视对手的站位、姿势和表情。

(3)引拍动作:身体稍向右转,左肩向球网,两脚重心转移至右脚;右臂向右后上方摆起,完成引拍动作。

(4)挥拍击球动作:完成引拍动作之后,紧接着两脚重心随着上体由侧面转向正面,前移至左脚,右脚跟提起,上体微微前倾,右前臂向侧下方挥动至上体由侧面转向正面时,左手开始放球,此时腕部尽量伸展,做最后击球动作,右前臂完成向侧下方挥动后,紧接着往上方挥动,此时右前臂内旋,使腕部动作由伸展至微屈。击球瞬间,手指紧握球拍,完成闪腕动作。

(5)随前动作:完成击球动作之后,右前臂继续内旋,并随着挥拍的惯性,自然向左肩上方挥动,然后回收动作至胸前。

图 4-2-3　正手发高远球

2. 正手发平高球(见图 4-2-4)

动作要领:发球站位、准备姿势、引拍动作、挥拍击球动作与发高远球动作基本一致,只是在击球一瞬间不是产生最大的向前上方挥动的爆发力,而是产生有控制的发力。随前动作也不必向左肩上方挥动,可以在击到球之后便产生制动,随前动作不必太高,只在胸前即可。

图 4-2-4　正手发平高球

3.正手发平快球

动作要领:发球站位可比发高远球、平高球稍后一些,这样有利于发出球的弧度平些。其他准备姿势、引拍动作、挥拍击球动作与高远球基本一致,只是在挥拍至击球一瞬间右前臂内旋不明显,挥拍线路不是向上方而是向前方,腕部动作也由伸展至微屈,但方向不是向上微屈,而是向左侧前微屈的快而小的闪腕动作。

4.正手发网前球(见图 4-2-5)

动作要领:发球站位比高远球较靠前,但引拍时,不必向右转太多。挥拍动作时右前臂挥动的幅度小些,腕部伸展也小些。因发网前球,球飞行距离最短,故在击球一瞬间不必产生大的爆发力,而是产生有控制的发力,即球拍接触球时可从右向左斜面切削击球,控制好球过网的弧度及落点。随前动作不必向左肩上方挥动,可以在击到球后便产生制动,在胸前回收即可。

图 4-2-5　正手发网前球

5.反手发网前球(见图 4-2-6)

动作要领:

(1)发球站位:站在靠中线距前发球线较近的位置上。

(2)准备姿势:面向球网,右脚在前,左脚在后,脚跟提起,重心放在右脚,上体稍微前倾,右手采用反手握拍,左手拇指和食指捏住羽毛球托向下,斜放在拍面前面。握拍时,为了缩短球拍的力臂,以便更好控制发球的发力,握在拍柄的前端,肘关节抬起,手腕前屈。

(3)挥拍击球动作:挥拍击球时球拍稍微向后摆,并不停顿地接着向前挥动,右前臂向斜前上方推送,同时,带动手腕由屈到微伸而向前摆动,并利用拇指的顶力,轻轻地"切"击球托的侧后部。

(4)随前动作:击球后,前臂上摆至一定高度即停止。

图 4-2-6 反手发网前球

6.反手发平高球

动作要领:发球站位、发球准备姿势、挥拍击球动作及随前动作均与反手发网前球相同,只不过在击球的一瞬间不是轻轻地"切"击球托的侧后部,而是击球瞬间手腕由屈突然变直,向前上方挥动,让球突然飞越接发球者,飞向后发球线。

7.反手发平快球

动作要领:发球站位、发球准备姿势、挥拍击球动作及随前动作均与反手发网前球相同,只不过在击球瞬间突然发力击球托后部,让球以较快的速度、较平的弧度飞向接发球者的后场靠近中线区域。

(三)接发球技术

1.接发球准备姿势

单打:一般左脚在前,右脚在后,侧身对网,重心放在前脚,膝关节微曲,后脚跟稍提起,收腹含胸,注视对方发球的动作。

双打:膝关节屈多一些,以便能直接进行后蹬起跳。也有的接发准备姿势是以右脚在前左脚在后的,这种姿势仅少数人采用。

2. 接发球站位

单打：站在离前发球线约 1.5m 处，在右区应站在靠近中线的位置，以防发球方以平射球攻击头顶区域。在左区则站在中线与边线的中间位置上。

双打：

(1)一般站位法：站在离中线和前发球线适当距离的地方。在右区时注意勿把右区的后场靠中线区暴露出来。在左区时注意保护头顶区。这种站位法以女队员和一般非抢攻打法的男队员居多。

(2)抢攻站位法：站得离发球线很近，前脚紧靠在前发球线。而且，身体倾斜度较大，球拍高举，这种站法以男队进攻型打法的队员居多。

(3)稳妥站位法：站在离前发球线有一定距离的地方，身体类似单打站位法，这种站位法是在思想混乱、无法适应对方发球情况下采用的过渡站位法。一般业余者双打多采用此站位法。

(4)特殊站位法：以右脚在前，站位和一般站位法类似，接发网前球时右脚一步蹬上网击球。

(四)击球技术

根据击球动作的特点，击球可分为高手击球、网前击球和低手击球 3 种。

1. 高手击球

高手击球具有击球点高、速度快、主动性强、进攻威力大等特点。高手击球有高远球、平高球、扣杀球和吊球（见图 4-2-7）。

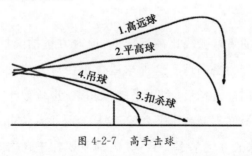

图 4-2-7　高手击球

(1)高远球。高远球主要是迫使对方离开中心部位到最远的地方去击球，或者当自己的位置错乱时，击这种球来争取时间回到中心部位。

1)正手击高远球：击球点在身体的右侧方用正拍面击出的高远球，称为正手高远球。它可以分为原地和起跳正手击高远球两种。

方法：击球时，首先要判断来球的速度、高度和方向，快速移动步伐到降落点的位置,使击球点尽量选择在右肩稍前的上空;身体侧向球网,左脚在前、右脚在后,身体重心放在右脚上,上体和头稍后仰,然后右手屈臂将拍子举到肩上,拍面朝网以便准备挥拍击球;当球下落到接近击球点的高度时,挥拍手前臂向后移动,肘关节向后侧提高,球拍后引到头后,自然伸腕;接着在右腿蹬地和腰腹协调用力下,大臂带动前臂向上,肘关节迅速上升,前臂明显向前"甩"出,触球时手臂伸直,"闪"动手腕(前臂突然内旋至腕屈、收),击球的后下底部,把球向前上方击出。

2)反手击高远球:当球飞向左后场时,变成反手握拍法,用反拍面击出的高远球,称为反手击高远球。

方法:当判断来球是在左后场区上空,决定采用反手击高远球时,即可起动,左后转身向球的降落点移动。同时,将正手握拍法变为反手握拍法,右肘关节往左移,握拍要放松,举手于左胸前;当右脚向左后场区跨出最后一步时,重心移到右脚上,膝关节微屈,左脚在后,脚跟提起,脚掌内侧点地背向网球,头上仰,眼盯球,击球点选在右肩上方;当球降落到适当高度时,右脚蹬地,上体往后伸展以带动右肘关节往上提,形成肘关节先行,以带动前臂加速往上挥拍击球;击球时,手腕由原来屈的姿势经前臂内旋至加速伸腕闪击,紧握拍柄,拇指顶压,将球击出。

3)头顶击高远球:采用正手握拍法,击球点在头顶的前上方,用正拍面击出的高远球称为头顶击高远球。

方法:准备击球时,右脚在后,上体向左后仰,击球点选择在头顶前上方或左肩上方。右臂的肘关节高举过头,稍靠近头部,使球拍绕过头后再向前挥摆。在挥拍过程中,前臂稍内旋带动手腕向后伸经内旋往前屈腕,同时,肘关节急速制动,以鞭打状产生爆发力,将球击出。

(2)平高球。击出的飞行弧线比高远球低,但对方举拍又拦截不到,落点在对方端线附近场区内的球,称为平高球。这种球适合于在对方位置不太好或自己进攻时使用,特别是当对方刚网前击球后,利用平高球扣杀,进攻效果最好。如果对方位置在当中或稍靠后场时,最好不要利用平高球,这样容易被对方扣杀或吊网前球。击平高球的方法与击高远球的方法基本一致,其区别主要在于在击球时的拍面仰角小于击高远球时的拍面仰角。

(3)扣杀球。在尽量高的击球点上,用力挥击,将球击到对方场区内,称为扣杀球。它是争取得分的主要手段,包括正手扣杀球、头顶扣杀球、反手扣杀球、劈杀球和突击杀球等。

1)正手扣杀球:当来球是在自己右侧上空的高球时,正手握拍,用正拍面扣杀球,称为正手扣杀球,它可分原地和起跳扣球。

方法:准备姿势和动作过程与击高远球相似,其技术方法上的区别在于发力要求不同,扣杀球要充分运用腰腹力量和肩关节的力量,击球的一刹那用全力,前臂快速带动手腕下压;击球点有区别,扣杀球点选择在右肩前上方;拍面角度不同,扣杀球的拍面角度要比击高远球小。

2)头顶扣杀球:当来球在左后场区上空时,击球点选择在头顶上方,正手握拍,用正拍面扣杀球,称为头顶扣杀球。头顶扣杀球的方法与头顶击高远球的方法相似,不同点是击球的力量比击高远球大,发力方向是向前下方的;击球点稍前些,拍面角度要小些。

3)反手扣杀球:当来球是自己左侧上方的高球时,反手握拍,用反拍面扣杀,称为反手扣杀球。反手扣杀球的方法与反手击高远球的方法基本一致,其不同点是击球时,拍面角度较小,发力方向是前下方。

(4)吊球。在中、后场的高球,运用劈切或拦截的技术动作,使球轻轻地落在对方网前区,称为吊球。它可分为劈吊球和拦吊球。根据击球姿势的不同又可分为正手吊球、头顶吊球和反手吊球。

1)正手吊球:击球动作前期和正手击高远球、扣杀球相似,但用力较轻。其动作近乎劈杀球,着重于手腕、手指的运用和控制。挥动球拍时(吊对角线)拍面前倾,在击球的一刹那,前臂突然减速,利用手腕的快速"闪"动,向左下"切削",球拍触球托的偏右部位。若劈吊直线球,其前期动作相同,只是在球拍触球时,拍面正对前方,向前下方"切削"。

2)头顶吊球:来球为左后场区上空的高球,击球点选择在头顶的前上方,正手握拍,用正拍面吊球,称为头顶吊球。其方法与头顶击高远球的方法类似,不同的是击球力量较小,击球瞬间应放松切击球;拍面的仰角小;吊球时,前臂应内旋带动球拍自右往左挥动,手腕放松,手指控制好拍面角度。

3)反手吊球:来球为左后场区上空的高球,反手握拍,用反拍面吊球,称为反手吊球。反手吊球的方法与反手击高远球的方法类似,不同的是挥拍的速度较慢,力量小,拍面角度小,运用手腕的转动切击球托。

2. 网前击球

网前击球是调动对手、变化战术和解决战斗的重要技术手段,包括放网前球、搓球、挑球、推球、勾球、扑球等。当代羽毛球运动向快速、全面进攻的方向发展。从场区的角度来讲,后场和中场固然重要,但前场网前也越来越成为双方力图取胜展开攻

守争夺的重要场区。如果前场技术占优势,就可以通过前场技术为中场、后场的进攻创造机会,使前后场技术密切衔接,融为一体,有助于取得全场的主动权。击网前球要使球能正好过网,离网不高、不远,这样才不容易被对方扑杀和还击。要想把网前球打好,首先要以快速合理的上网步法为基础,只有快速到位争取从网前较高部位击球,才能给对方更大的威胁。

(1)放网前球。接对方网前球时,用球拍轻轻一托,将球向上弹起恰好一过网就朝下落,称为放网前球。

方法:判断来球方向,侧身向球的方向移动,最后一步用左脚后蹬,右脚向球的方向跨弓箭步,上体稍前倾,重心在前脚,右臂伸向前下方,正拍面或反拍面朝上迎击球托底部。触球时,主要靠手腕控制球拍向前上方轻轻一托,使球越网而过。

(2)搓球。在网前用球拍切击球托,使球旋转翻滚越过网的击球技术,称为搓球。

方法:在上网时与放网前球的动作一样。不同点是最后一步跨出后,身体重心较高,以争取较高的击球点。正手搓球时,在伸臂举拍时应稍屈肘、展腕,然后再以肘关节为轴,通过小臂的外旋及收腕动作,用正拍面切削球托的后底部使球翻滚过网。反手搓球时,屈腕使球拍略下垂,然后再伸前臂,用反拍面切削球托的后底部使球翻滚过网。

(3)挑球。把对方击来的网前球,挑高回击到对方后场去,称为挑球。

方法:与放网前球的方法类似,区别在于挑球时以小臂带动手腕发力,作弧形挥拍。

(4)推球。在网前往对方的底线快速击出弧线较平、速度较快的球,称为推球。

方法:与搓球基本一样,只是在击球的一刹那,拍面几乎与网平行,主要靠腕部的转动和手指的力量向前快速推击。

(5)勾球。在网前,用屈腕(或伸腕)的动作,将球回击到对方斜对角的网前区内,称为勾球。

方法:与搓球相似,主要区别在于击球一刹那,拍面斜向对方右(左)网前,用腕部带动手指由伸腕到收腕(或由收腕到伸腕),球拍触击球托的右(左)后部位。

(6)扑球。对方击网前球时,在球刚到达网顶时,即迅速上网向斜下扑压,称为扑球。

方法:蹬步上网,迅速举拍向前上方,拍面前倾,击球时用腕部和手指的力量向前下方挥击,球拍触球后立即回收。

3.低手击球

低手击球属于防守性技术,发挥得当能收到守中有攻的效果。低手击球包括抽球、接杀球和半蹲快打。

(1)抽球。将低于头部的球用抽击的方法击回称为抽球。可分为正手抽球和反手抽球两种。

1)正手抽球：判断来球，快速移动到右后场，最后一步以右脚向球下落的方向跨出，上身向右后倾，重心移向右脚。正手握拍右臂屈肘举拍于右肩上方，击球时，主要靠前臂带动腕部作"抽鞭式"的向前"闪"动将球击出。

2)反手抽球：判断来球，转身快速移动到左后场，由正手握拍变成反手握拍，最后，右脚向球的下落方向跨出，背对球网，重心落在右脚上，右臂屈肘举拍于左肩上方。击球时，以上臂带动前臂沿水平方向做半圆形挥拍，在手臂基本伸直时，手腕用力向后方闪动挥拍击球。

(2)接杀球。把对方扣杀过来的球还击回去，称为接杀球。

1)挡网前球：两脚屈膝平行站立，重心下降，两眼注视来球。一经判断，立即起动。接杀时，握拍要松，预摆动作要小，拍子摆在体侧，身体重心移向接球的一侧脚上，挡直线网前球时拍面稍后仰，正对网将球挡回对方网前。

2)抽后场球：其方法与挡球的方法相似。区别在于抽球时，先有一个向后引拍的预摆动作，紧握球拍，然后以前臂为主，带动手腕向前上方急速挥拍抽球。

(3)半蹲快打。在中场区，接对方打过来肩以下至略高于头部之间的平快球，采用半蹲姿势，争取在较高的部位上快速地平击回去，称为半蹲快打。

方法：在中场区，两脚平行或右脚稍前站位均可，两膝弯曲成半蹲，屈肘举拍于肩上。击球时，以前臂带动手腕快速挥拍，争取在身前较高部位上平击过去。

(五)步法

比赛时，运动员为了移动到适当的位置击球而采取的快速、合理的移动方法，称为步法。基本步法有蹬步、跨步、垫步、蹬转步、蹬跨步、交叉步、小碎步和腾跳步等。这些基本步法组成了上网步法、后退步法、两侧移动步法和跳起腾空步法等综合步法。

1. 上网步法

从中心位置移动到网前击球的步法，称为上网步法，它是完成上网搓球、推球、勾球、扑球及挑球的步法，包括跨步上网、垫步加蹬跨步上网、前交叉加蹬跨步上网、后交叉加蹬跨步上网、蹬跳步上网。上网前两脚站立、约同肩宽，一般右脚在前、左脚稍后，两膝微屈，两脚前脚掌着地，后脚跟稍有提起，上体稍前倾，握拍于体前，全神贯注，注视对方来球。根据来球的远近，可采用一步、两步或三步上网击球。右手握拍者，到位击球时的最后一步一般都是右脚在前，而左脚总是靠近中心位置。

(1)跨步上网步法。

1)二步跨步上网步法:左脚先向来球方向跨出一步,右脚再向前跨出一大步,到位击球(见图4-2-8)。

2)三步跨步上网步法:右脚先向来球方向跨出一小步,接着左脚向前跨出第二步,最后,右脚跨出一大步,到位击球(见图4-2-9)。

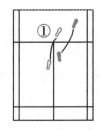 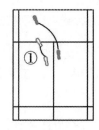  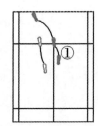

图4-2-8　二步跨步上网步法　　　　　图4-2-9　三步跨步上网步法

(2)垫步加蹬跨步上网步法:右脚先向来球方向迈出一步,紧接着左脚垫一小步,同时右脚抬起,利用左脚的蹬力跨出一大步,到位击球(见图4-2-10)。

(3)前交叉加蹬跨步上网步法:左脚先向前迈出一侧步,紧接着右脚抬起,利用左脚的蹬力蹬出一大步,到位击球(见图4-2-11)。

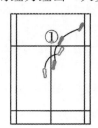 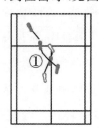 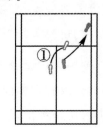 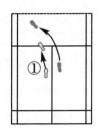

图4-2-10　垫步加蹬跨步上网步法　　　图4-2-11　前交叉加蹬跨步上网步法

(4)后交叉加蹬跨步上步网法:右脚先向前迈出一小侧步,接着左脚向右脚后迈出第二个侧步,最后右脚抬起,利用左脚蹬力,蹬跨出一大步,到位击球(见图4-2-12)。

(5)蹬跳步上网步法:站位稍靠前,判断对方要重复打网前球时,利用双脚蹬地,迅速跳向网前,采用扑球技术击球。要注意因前冲力过大而触网或过中线犯规(见图4-2-13)。

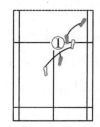 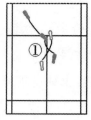 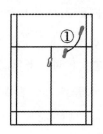 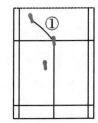

图4-2-12　反交叉加蹬跨步上网步法　　　图4-2-13　蹬跳步上网步法

2.后退步法

后退步法是完成后退回击高球、吊球、杀球、后场抽球的步法。

(1)正手后退步法。

1)正手后退步法:可采用并步后退步法和交叉步后退法,以及并步加跳步后退法(图见4-2-14)。

2)并步后退步法:右脚向后侧身退一步,并带动髋部右后转,接着左脚用并步靠近右脚,右脚再向后移到位,左脚跟进一小步,成为左脚在前右脚在后、侧身对网的击球准备动作(见图4-2-15)。

3)并步加跳步后退步法:与并步后退步法的第一、二步后退步法相同,第三步采用侧身双脚起跳向侧后到位击球(见图4-2-16)。

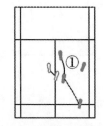 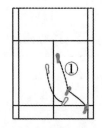 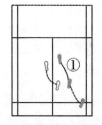

图4-2-14 正手后退步法　　图4-2-15 并步后退步法　　图4-2-16 并步加跳步后退步法

(2)头顶后退步法。

1)头顶并步后退步法:髋关节及上体快速向右后方转动的同时,右脚向后退一步,接着左脚用并步靠近右脚,右脚再向后移至到位,左脚跟进一小步,成为左脚在前右脚在后、侧身对网的击球准备动作(见图4-2-17)。

2)头顶交叉步后退步法:髋关节及上体在快速向右后方转动的同时,右脚向后退一步。接着左脚从右脚后交叉后退一步,右脚再向后移至到位,左脚跟进一小步,成为左脚在前右脚在后、侧身对网的击球准备动作(见图4-2-18)。

3)头顶侧身步加跳步后退步法:这是一种快速突击抢攻打法的后退步法。髋关节及上体在快速向右后方转动时,右脚向后退一步,紧接着右脚向后方蹬地跳起,上身后仰角度较大,并在空中形成击球动作。此时,左脚在空中作一个交叉动作后先落地,上体收腹使右脚着地时重心落在右脚上,以便左脚迅速回动(见图4-2-19)。

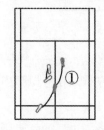 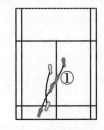 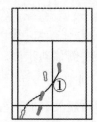

图4-2-17 头顶并步后退步法　　图4-2-18 头顶交叉步后退步法　　图4-2-19 头顶侧身步加跳步后退步法

(3)反手后退步法。

1)二步反手后退步法:左脚先向左后方退一步,接着上体左转,右脚向左后方跨出一步,以背对网的形式到位击球,或者右脚先向后退一步,左脚向左后方跨出一步,以侧身的形式到位击球(见图4-2-20和图4-2-21)。

2)三步反手后退步法:右脚先向左脚并一步(或交叉退一步),然后左脚向左后方退一步。此时,上体左转,右脚再向左后方跨出一大步,以背对网的形式到位击球(见图4-2-22)。

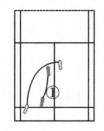 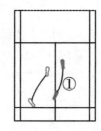 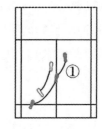

图4-2-20 二步反手退步法（左步法）　　图4-2-21 二步反手退步法（右步法）　　图4-2-22 三步反手后退步法

3.两侧移动步法

两侧移动步法是完成中场球的回击步法,如接杀球、接对方平击球时所采用的步法。

(1)左侧移动步法。

1)一步蹬跨步法:身体重心调整至右脚,用右脚掌内侧用力蹬地,左脚随髋关节转动的同时向左侧跨一大步到位击球(见图4-2-23)。

2)二步蹬跨步法:当来球离身体较远时,左脚先向左侧移一小步,紧接着右脚向左侧蹬跨出一大步,形成背对网,到位击球(见图4-2-24)。

 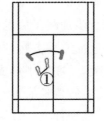

图4-2-23 一步蹬跨步法(左侧移)　　图4-2-24 二步蹬跨步法(左侧移)

(2)右侧移动步法。

1)一步蹬跨步法:当来球离身体较近时,身体重心调整至左脚,用左脚脚内侧蹬地,右脚随髋关节的转动,同时向右侧跨一大步到位击球(见图4-2-25)。

2)二步蹬跨步法:当来球离身体较远时,左脚应先向右侧移一步,然后右脚向右侧蹬跨出一大步,到位击球(见图4-2-26)。

3)左侧跳步如果对方来球弧度较平,可采用左脚向左侧移一步后跳起突击(见图4-2-27)。

4)右侧跳步如果对方来球弧度较平,可采用右脚先向右侧移一步后跳起突击(见图4-2-28)。

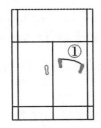
图 4-2-25　一步蹬跨步法(右侧移)

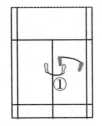
图 4-2-26　二步蹬跨步法(右侧移)

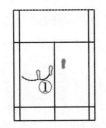
图 4-2-27　左侧跳步突击

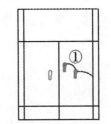
图 4-2-28　右侧跳步突击

(六)羽毛球全面提高阶段的训练原则与注意事项

1. 训练原则

(1)在移动中正确掌握和熟练运用基本技术。在基础训练阶段,比较多地采用固定路线的练习,如平高直线吊对角上网搓,对方回击直线高球后,上网接吊对角放直线网前,或半固定路线练习为高吊上网搓,不固定吊直线和对角上网搓、勾的结合。通过较固定的训练掌握正确的技术动作。而全面提高阶段的训练,则更多地采用不固定路线的综合练习,如高吊控制反控制、高杀对攻、高吊杀对攻等,这种训练必然要求能正确和熟练掌握运用基本技术(手法和步法),提高控制和反控制能力,对攻的来回拍数多、质量高,接近实战水平。

(2)不断制造难度,在对抗情况下熟练地掌握基本技术。以对抗的形式制造难度,提高技术动作质量。如采用二一式训练法,对主练者的难度和负荷强度都比一对一的训练法大;如采用二一式高吊杀对攻,而且要求一人能完成每回合八拍以上才算完成一组;如一段30min训练,必须完成25~30组等。当然,这种训练法由教练员根据队员的水平定出不同的完成拍数和组数,队员必须注意力集中,减少失误,否则失误组次不算,重新计算。

(3)在发展全面技术的基础上,突出特长技术的训练。在这个阶段,如果基本技术(手法和步法)上有较明显的薄弱环节(如反拍击球技术、侧身步法、防守手法、步法存在问题),那么,它将是对手攻击的主要目标,造成战术上的被动和心理上的负担。因此,抓紧薄弱环节基本技术的训练,提高全面技术的掌握是主要环节,也就是全面提高阶段应解决的主要矛盾,然后去发展特长技术。作为一名优秀运动员,除了需要全面掌握各种技术外,还需花主要精力去发展其特长技术,使他在某一个技术,某一个区域,某一个特定时间和空间形成技术绝招,这样才能给对手增加压力,取得比赛的主动和优势地位。

(4)技术的掌握和发展必须与个人打法特点及战术密切配合。全面提高阶段是形成打法的阶段,在不断提高技术的快速、准确、稳定和灵活变化的能力的同时,注意发展运动员的个人特长技术和战术,增强战术意识,确定自己比赛的战术方案,培养和形成既符合运动员个性条件,又适合羽毛球技术发展趋向的个人打法。密切结合个人打法特点和战术需要,着重抓好攻防中的主要环节,这样可以使训练少走弯路,并能迅速提高技、战术水平。

2.注意事项

在全面提高阶段的手法教学训练中,应注意以下几点。

(1)注意准备动作的合理性。准备动作主要是指引拍至挥拍前的准备姿势。引拍动作要正确、合理,要缩短准备时间,在最短时间内做好准备并挥拍发力。准备姿势要到位,使挥拍有较长的准备工作距离,以利于增加加速距离,从而提高击球的发力速度,这对击高远球、杀球及被动击高球尤其重要。

(2)全身要协调用力。只有使腿部、腰部、上臂、前臂、手腕、手指等动作充分地协调,才能在挥拍击球时发挥出最大的力量,而且又能节约能量,如不会利用全身的协调用力,就不可能产生最大的爆发力。

(3)关键是提高击球动作的节奏性。动作的突变性、一致性,除了在于手法上运用得合理之外,实际上是击球动作上的节奏变化所造成的。在做每个击球动作时,击球的节奏应有快、慢之分,例如同样是击平高球、搓网前球,有的动作带有停顿然后再出手,这就形成了"假动作击球",是具有一定威胁性的手法。

(4)提高掌握动作一致性和突变性的能力。教练员应根据运动员掌握基本手法的特点和打法、身体素质及心理特点,在动作的一致性、突变性方面下功夫,帮助运动员掌握几个一致性。突变性强的基本手法,掌握得越多越好。

(5)要注意击球点的选择。打高球、平高球、吊球、杀球时选择的击球点是否合适,与击球质量的好坏有密切关系。高远球击球点选择在右肩上方(右手握拍者)或稍后,吊球在右肩上或稍前,杀球则在右肩稍前上方。

(6)要注意球与球拍的接触点与面。手法的好坏很大程度在于球与球拍的接触点与面的问题上。当需要用最大力量杀球时,球应击在拍的"焦点"上,而且要用正拍面击球。吊球时,球与球拍的接触点可以在"焦点"上,也可以在比"焦点"更高的位置上,而且要用切面击球。网前搓、推、勾的点与面又和击高球、吊球不一样。注意这些方面的区别才能提高手法的质量。

(7)要注意提高肩关节的柔韧性及伸展面的训练。为了在更大范围内击球,肩关节的柔韧性及伸展面很重要。有的运动员肩关节柔韧性差,要他伸直手臂并靠拢耳朵,他都靠不拢,这势必影响击头顶球的正确动作,击球点往往过低。必须注意伸拉肩韧带的训练。

二、羽毛球战术

(一)单打战术

1. 发球抢攻战术

发球开始,以发网前球和平快球为主,限制、控制对方,争取前几拍的主动进攻机会,借机杀、吊对方的空当。

2. 攻后场战术

运用高远球或进攻性的平高球压对方的后场底线两角,迫使对方处于被动状态,一旦对方回球质量不高,以扣杀球制胜,当对方疏于前场防守时,以吊球轻取。

3. 攻前场战术

当与对手打来回后场高球时,可以进攻对方场两边两角,迫使对方被动回球或回球过高,以便迅速上网搓、推、勾球,创造对后场大力扣杀的机会。

4. 打四方球战术

在后场,放高远球、平高球和高球,在前场,则应放网前球、推球、挑球,准确地攻击对方四个角落,使对方前后左右奔跑,当对方来不及回中心位置或身体失去重心时,抓住空当和弱点进行扣杀取胜。

5. 守中反攻战术

以平高球和快吊球击向对方前、后、左、右4个角落,以调动对方,让对方先进攻,而自己则加强防守,控制落点,使对方失误或给自己制造反攻机会,突击进攻。

(二)双打战术

1.发球与接发球战术

发球时根据对方情况选择好站位,以球路变化为手段争取主动。一般以发网前球为主,争取球路变化的突然性。

接发球虽受发球方的牵制,属于被动等待,但由于规则对于发球做了击球点不能过腰、球拍上沿须明显低于手、动作必须连续向前挥动(不许做假动作)、不能迟迟不发等等的诸多限制,所以使发球者发出的球不能具有太大的威胁。接发球方如果判断准确,启动快,还击时就能在对方发球质量稍差时杀、扑得手或取得主动;反之,也会接发球失误或还击不利使自己陷入被动。

2.攻人战术

集中攻击对方有明显弱点的队员,当他的同伴因协助他而出现空当时,可攻其空当。当他的同伴放松警惕时,也可攻其不备。

3.攻后场战术

遇到对方后场扣杀能力差的对手,可采用平高球、推平球、接杀球、高球大力扑杀。如另一对手后退支援时,即可攻网前空当。

4.后攻前封战术

当本方处于主动进攻前后站位时,后场队员遇高球必扣杀,迫使对方接杀挡网前,为本方前场队员创造封网扑杀的机会。

5.守中反攻战术

在防守中,反应要灵活,善于控制落点,运用各种球路调动对方。如挑底线高球,无论对方往哪里进攻,都要想法把球挑到进攻者另一侧,若对后场攻直线就挑对角,若攻对角就挑直线,遇到有利机会就运用反拍抽或挡网前回击对方的杀球,从守中反攻,争得主动。

6.攻中路战术

当对方处于左右并排站位防守时,中间的位置是对方同伴容易出现漏洞的地方,可攻其中路,乱其阵式,见机制胜。

三、羽毛球运动规则简介

(一)场地

羽毛球球场为一块长方形场地,长 13.40m,宽 6.10m(单打场地宽 5.18m),球场各线宽均为4cm,丈量时要从线的外沿算起。球场各条界线最好是白色、黄色或其他易于辨别的颜色(见图4-2-29)。

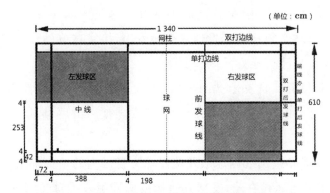

图 4-2-29 羽毛球标准场地示意图

(二)比赛规则

1. 赛制

羽毛球比赛分为男女单打、男女双打和混合双打五个单项,均采用三局二胜制。单局比赛采取21分制,在一个回合中获胜的一方直接加1分,先得21分的一方胜1局。20平时连续领先2分的一方胜该局。29平时先得30的一方取胜。下一局开始时由上一局的胜方先发球。

2. 交换场区

出现以下情况运动员应交换场区:第一局结束;第三局(如果进行比赛)开始前;第三局中或只进行一局的比赛中,当一方先得11分时。运动员未按规定交换场区的,一经发现应立即在球不处于比赛状态时交换,已得分数有效。

3. 单打比赛

发球员的分数为0或双数时,双方运动员均应在各自的右发球区发球或接发球;发球员的分数为单数时,双方运动员均应在各自的左发球区发球或接发球。球发出后,由发球员和接发球员交替对击直至"死球"。接发球员违例或因球触及接发球员场区内的地面而成死球,发球员就得1分。随后,发球员再从另一发球区发球;发球员违例或因球触及发球员场区内的地面而成死球,接发球员就得1分,同时发球员失去发球权,而接发球员成了发球员。

4. 双打比赛

(1)发球和接发球场地。一局比赛开始和获得发球权的一方得分为0或双数时,都应从右发球区发球;当发球员一方得分数为单数时从左发球区发球;双打配对中的另一名运动员将采用相反的方法。发球员和接发球员都必须站在斜对角发球区内发球和接发球;只能由接发球员接发出的球;如果接发球员的同伴触及球或接球即为违例,发球方得1分;发球必须从两个发球区交替发出,接发球方站在各自发球区不变,直到他们发球得1分后才交换发球区。

(2)场上顺序和位置。自发球被回击后,由发球方的任何一人击球,然后由接发球方的任何一人击球,如此往返直至"死球"。自发球被回击后,运动员可以从网的各自一方任何位置击球。

(3)得分。接发球方违例或因球触及接发球方场区内的地面而成死球,发球方得1分,原发球员交换场区继续发球;发球方违例或应球触及发球方场区内的地面而成死球,接发球方得1分,发球方失去发球权,而接发球方成为发球方。

(4)发球。在任何1局球,发球权将轮流交换:从首先发球的运动员,必须在右发球区发球;到首先接发球运动员的同伴,发球方需交换到左场区发球;到首先发球方的运动员,站的发球区必须与本方得分相符;到首先接发球方的运动员,站的发球区必须与本方得分相符。

(5)运动员不得有发球顺序错误或接发球顺序错误,或在同一局比赛中连续二次接发球。一局胜方中的任一运动员可在下一局先发球,负方中的任一运动员可在下一局接发球。

5.比赛连续性,不良行为及处罚

(1)比赛从第一次发球起至比赛结束应是连续的。

(2)间歇。当一方先得11分的时候每局间歇不能超过60s;比赛的第一局与第二局之间,及第二局与第三局之间允许不超过120s的间歇。

(3)暂停。遇有不是运动员所能控制的情况,裁判员可根据需要暂停比赛;如遇特殊情况,裁判长可以要求裁判员暂停比赛;如果比赛暂停,已得分数有效,续赛时由该分数算起。

(4)延误比赛。在任何情况下比赛都不得延误如恢复体力、喘息或者接受指导;是否延误比赛,裁判员是唯一裁决者。

(5)接受指导和离开球场。在比赛期间,只有当球不处于比赛状态时,运动员允许接受指导;没有裁判的允许,任何运动员不得离开比赛场地。

(6)运动员不得有下列行为:故意延误或中断比赛;故意改变或损坏球,以此影响球的速度或飞行;举止无礼;规则未述的其他不端行为。

(7)对违反规则的运动员,裁判员应执行:警告;对已被警告过的一方判违例;对严重违反或屡犯者判违例或破坏规则中的一方,立即向裁判长报告,裁判长有权取消其该场比赛资格。

(三)"羽毛球"项目活动考核方案

最后成绩＝基本功考核65分＋实践能力考核25分＋平时成绩考核10分＝100分

考核内容:

基本功:正、反手发球(25分),接球(20分),扣杀球(20分);

实践能力考核(25分);

平时成绩考核(10分)。

1. 基本功

(1)正、反手发球技术(25分)。

方法:学生1人1组,正手发球5次,反手发球5次。在发球区每人连续发球10次(单打规则)。

评定标准:

20～25分:动作规范、意图明确、质量高,整个动作协调、灵活,落点好。

15～19分:动作较规范、基本达到发球意图,质量较高,动作比较协调、灵活,落点一般。

10～14分:有一定偶然性,质量不高,动作较协调。

0～9分:毫无目标,属偶然性。

(2)接球技术(20分)。

方法:学生2人1组,1人陪考,采用自找搭档对打的方式进行。

评定标准:

18～20分:接球时动作移动灵活,回球意图明确、质量高,整个动作协调、灵活,落点好;击球动作大方、用力合理、质量高。

13～17分:接球时动作移动较为灵活,回球意图基本能达到目标,整个动作较为协调、灵活,落点较好;击球动作较合理、质量较高。

10～12分:接球时动作移动较为缓慢,回球意图有一定的偶然性,基本能达到接发球目的,整个动作较为死板;击球动作较合理、无明显错误。

9分以下:接球时动作移动不到位,回球意图不明确,接球目的有很强的偶然性,回球无目标,整个动作死板;击球动作不合理、有明显错误。

(3)扣杀球(20分)。

方法:学生2人1组,1人陪考,采用自找搭档对打的方式进行。

评定标准：

18~20 分：扣球时动作移动灵活，扣球质量高，整个动作协调、灵活、落点好。

13~17 分：扣球时动作移动较为灵活，扣球基本能达到目标，整个动作较为协调、灵活，落点较好。

10~14 分：扣球时动作移动较为缓慢，扣球有一定的偶然性，基本能达到接扣球目的，整个动作较为死板；扣球动作较合理、无明显错误。

9 分以下：扣球时动作移动不到位，扣球时有很强的偶然性，扣球无目标，整个动作死板；扣球动作不合理、有明显错误。

2. 实践能力考核（25 分）

实战能力考核：小组内单循环比赛，按名次计成绩。第一名满分 25 分，以后每靠后一名减 1 分。

3. 平时成绩考核（10 分）

出勤和课堂表现占 10 分。

第三节　24 式太极拳

一、24 式太极拳

24 式太极拳的动作名称见表 4-3-1。

表 4-3-1　24 式太极拳表

24 式太极拳表									
1	起势	2	野马分鬃	3	白鹤亮翅	4	搂膝拗步
5	手挥琵琶	6	倒卷肱	7	左揽雀尾	8	右揽雀尾
9	单鞭	10	云手	11	单鞭	12	高探马
13	右蹬脚	14	双峰贯耳	15	转身左蹬脚	16	左下势独立
17	右下势独立	18	左右穿梭	19	海底针	20	闪通臂
21	转身搬拦锤	22	如封似闭	23	十字手	24	收势

(一) 24 式太极拳分解动作及练习要领

1. 起势

(1) 左脚开立，首先使左膝放松，身体重心大部分落在右脚上。提左脚向左侧迈出时，其高度以不超过右踝骨的高度为宜，右腿也不要弯曲。要"轻起轻落、点起点落"。

（2）两臂前平举，两臂边旋转，劳宫穴找涌泉穴，慢慢向体前平举，与肩同高、同宽，自然伸直，肘关节微屈，肘尖下垂，手心向下，指尖向前。有如要把一根下端踩在脚下、上端系于手腕的橡皮筋拉长扯起似的，动作时可有这样的意念。注意腕关节不要过于松软，不要出现指尖朝下的"折腕"。

（3）屈膝按掌：①下按的用力和用意，如同要将水面上漂浮着的木板按入水中一样。②两臂、两掌不要只是被动地随屈膝而下落，要有主动下按的动作。③按到终点时需展掌舒指，避免手指向上的"坐腕"。

本式定势时，要配合呼气下沉，使之有一种沉稳的感觉。

练习要领：

头颈正直，下颚微向后收，不要故意挺胸或收腹。精神要集中（起势由立正姿势开始，然后左脚向左分开，成开立步）。两肩下沉，两肘松弛，手指自然微屈。屈膝松腰，臀部不可凸出，身体重心落于两腿之间。两臂下落和身体下蹲的动作要协调一致（见图4-3-1）。

图4-3-1 起势

2.野马分鬃

(1)左野马分鬃。

1)抱手收脚，上体稍向右转，意欲向左，必先右去，右臂屈抱于右胸前，左臂屈抱于腹前，掌心相对，呈右抱球，左脚尖点地，这里的"脚尖点地"是指用脚前掌着地。动作熟练以后，脚尖不必着地，收至支撑脚内侧足弓附近即可，眼看右手。

2)转体上步，上体左转，左脚向左前方迈步，脚跟轻轻着地，重心仍在右腿。面向南偏东。

3)弓步分手，上体继续左转，重心前移，左脚屈膝前弓，右腿自然蹬直，成左弓步。两手前后分开，上手高与眼平，手心斜向上，下手停于胯旁，手心向下，指尖向前。两臂微屈，眼看左手。面向正东。

(2)右野马分鬃。

1)转体撇脚,重心稍向后移,左脚尖翘起外撇,上体稍左转。重心移动的过程中,上体要保持正直,不可起伏,移动幅度不必过大。也不可先坐成虚步再转体,造成"断劲"脱节。

2)抱手收脚,收脚时主要是重心前移。当体重已从后腿移到前腿时,就以大腿的力量轻轻地把后脚提起,慢慢地屈膝向前,使脚尖在前脚的内侧落下。"抱球"和"收脚点地"要同时协调完成,不可"球"已抱好而后脚尚未到位。

3)转体上步,与"左野马分鬃"相同,只是左右方向相反。

4)弓步分手,与"左野马分鬃"相同,只是左右方向相反。

练习要领:(以"左野马分鬃"为例)

1)抱球。肩部放松,手指微屈,肘低于肩,腕低于手。屈肘时,上臂与前臂的夹角约120度,手腕、前臂同胸部之间应有20～30cm的距离,要能容下一个球的空当,既能抱得住这个球,而又不使球触着身体。

2)上步。上步时一腿支撑体重,另一腿轻灵地迈出,不可将身体重心过早地前送,整个脚掌一下子踏实,呈"砸夯"状。

3)弓步。弓步四要素,"踏掌""弓腿""转腰""蹬腿"。脚尖与中线的交角成45°～60°,两脚调整成介乎"丁弓步"和"川弓步"之间的"人弓步"。前后腿分担体重的比例是前弓腿约承担2/3,后弓腿约承担1/3。弓步时,胯部自然里合,从而使上体正直,腰部放松。

4)脚跟蹬展的整个过程中,脚掌都要贴着地面,不允许出现脚外侧离地的"掀脚"或脚后跟离地的"拔跟"现象。

5)太极拳的弓步。后腿不能像练长拳那样挺劲绷直,但也不可过于放松,使膝部出现较大的弯曲度,显得软化无力。

6)分手。分手时左手手心斜向上,力点在手臂外侧,向左斜上方"靠"出。此时左肩要松沉,肘部要微屈,使左臂保持弧形。分到顶点时,要展掌、舒指,力贯指稍。由过渡运作到完成姿势,属于由虚到实的变化,手指表现为由自然微屈逐渐地展掌、舒指。右手同时向右斜下方分开,直"采"至右胯旁,手心向下,指尖朝前,肘微屈,右臂保持弧形。采到顶点也要求展掌、舒指、坐腕,肩部要松沉。

7)这种"分"的手法运用,就好像要缓缓地把两手间系着的一根线扯直而又不把它拉断似的。

8)眼神。眼神是太极拳运动的一个重要部分。一般规律是视线随主要动作的手移动,或保持头颈正直,目光平视。要避免低头或歪头,也不要死盯着前手。应把视线不时平移远望,有张有弛。

9)定式。太极拳的每一个动作都是由"过渡动作"和"定式"组成的,"定式"除了说明每个拳式到哪里算完成外,还对身体各部位的动作和劲力的运用有特定的要求。如果"定式"做得不好,分不清式子间的阶段和衔接,就体现不出过渡动作的轻柔的完成姿势的沉稳。连贯和节奏是矛盾的统一,要注意处理好。

10)在完成姿势的一瞬间,应有一点向四肢、头顶稍稍贯力的意念。这样可使完成姿势更臻沉稳,虚实变化更为分明(见如图 4-3-2)。

攻防含义:野马分鬃的手法是下採前靠。例如,对方右手打来,我用右手擒住对方手腕向下採引,同时左脚上步插入对方身后,左前臂随着插入对方腋下,用转腰分靠之力使对方掀倒。

图 4-3-2 野马分鬃(以左野马分鬃为例)

续图 4-3-2 野马分鬃(以左野马分鬃为例)

3. 白鹤亮翅

(1)跟步抱手,上体稍左转,右脚向前跟步,相距约一脚长,两手翻转相对,在胸前屈臂"抱球",左手在上,眼看左手。

(2)后坐转体,重心后移,右脚踏实,上体后坐并向右转体,两手开始交错分开,右手上举,左手下落,眼看右手。

(3)虚步亮掌,左脚活步,脚前掌着地,成左虚步。右手分至右额前,掌心斜向内,左手按至左腿旁。上体转正,眼平视前方。

练习要领:

(1)跟步,右脚跟步时,脚跟应先抬起,随着全脚掌逐渐离地,缓缓地前跟半步,右脚掌轻轻落地。此时重心仍在左腿。接着,身体后坐,重心慢慢后移,右脚掌逐渐踏实,右腿由虚变实。同时,左脚跟逐渐抬起,左腿由实变虚。最后,左脚轻缓地稍向前移,调整成左前掌着地的左虚步。做上述步法"弓步—跟步—虚步"转换时,必须注意在腰部的旋转带动下协调运动。前跟时腰部微左转,后坐时腰部微右转,调整步型时腰部再向左微转至正前方。

(2)随着两手右上左下分开,应注意下颌微收,头微上顶,配合吸气要有轻灵上提的意念。两手分至顶点时,右手略外撑,左手向下采,配合呼气下沉,松腰松胯精神贯注,显示了定式时的沉着和稳定。

(3)做虚步时,后腿保持原屈膝程度,支撑着绝大部分的体重,两腿的虚实比例约为1:9,后脚脚尖外撇约为45°～60°。后腿膝部保持和脚尖相同方向,不要夹档或敞档。虚步两脚尖的横向距离,不超过一拳宽度(见图4-3-3)。

攻防含义:

(1)对方双掌攻来,我用两手上下分开双掌,瓦解其攻势。

(2)对方右手攻来,我用左手擒住其右腕,右臂插入对方右腋下,用转腰横捌之力使其前扑。

图4-3-3 白鹤亮翅

4.搂膝拗步

(1)左搂膝拗步。

1)转体摆步,上体稍左转,右手摆至体前,手心转向上,眼看右手。

2)摆臂收脚,上体右转,两臂交叉摆动,右手至头前下落,经右胯侧向右后方上举,与头同高,手心斜向上。左手上摆经头前向右划弧落至右肩前,手心向下。左脚收至右脚内侧,脚尖点地。眼看右手。

3)上步屈肘,上体稍左转,左脚向左前方上步,脚跟着地,右臂屈肘,右手收至肩上、头侧、虎口与耳相对,掌心斜向前,左手轻落腹前,眼看前方。

4)弓步搂推,上体继续左转,左腿屈弓,右腿自然蹬直成左弓步,左手搂膝停于左腿外侧,掌心向下,指尖向前,右手向前推出,走弧形沿中线推出,指尖与鼻尖相对,坐腕舒指。眼看右手。

(2)右搂膝拗步。

1)转体撇脚,与"左搂膝拗步"相同,只是左右方向相反。

2)摆臂收脚,与"左搂膝拗步"相同,只是左右方向相反。

3)上步屈肘,与"左搂膝拗步"相同,只是左右方向相反。

4)弓步搂推,与"左搂膝拗步"相同,只是左右方向相反。

练习要领:(以"左搂膝拗步"为例)

1)弓步的横向距离必须在 30cm 左右,以免造成胯部紧张、歪斜。

2)要以腰部的旋转来带动和协调全身的运动。如"左搂膝拗步"第一动就是上体微向左转来带动右臂移到体前中线处开始划弧下落。第二动,以上体向右旋转带动两臂划弧,使右手移到右侧后上方。右手的位置与中线中间约 135°。第三动和第四动时,上体又向左转到面向正前方。这样,上体"微左转—向右转—再向左转正"。

3)"搂膝拗步"是以"推、搂"为主,以左搂掌为例,左掌从右肩前向下前伸划弧经膝前搂到左腿侧,到终点时要坐腕、展掌、舒指,体现出下沉的"采劲"。

4)"推掌"时,屈肘,使掌收到耳侧,虎口对耳,此时手掌和腕部都要放松,体现出由实变虚的变化。定式时,"虚掌"逐渐变为"实掌"。展掌、舒指、虎口撑圆、掌根前顶、腕肘下沉,把意念集中到领劲的食指和中指上,使食指和中指指肚有微微发胀的感觉。同时配合头微上顶、松腰松胯、呼气实腹。如图4-3-4所示。

图 4-3-4 搂膝拗步

攻防含义：搂膝拗步的用意是，一手搂开对方的手和脚，另一手向前推打反击。

5.手挥琵琶

(1)跟步展臂，右脚向前收拢半步，脚前掌轻落于左脚后，相距约一脚长，右臂稍向前伸展，腕关节放松。

(2)后坐引手，重心后移，右脚踏实，左脚跟提起，上体略右转，左手向左、向上划弧摆至体前，掌心斜向下，右手屈臂后引，收至胸前，掌心也斜向下。

(3)虚步合手，上体稍向左回转，左脚活步前移，脚跟着地，成侧身左虚步，两臂外旋，屈抱，两手前后交错，侧掌合于体前，左手于鼻相对，掌心向右，右手于左肘相对，掌心向左。两臂像怀抱琵琶的样子，眼看右手。

练习要领：

(1)后坐引手时，左手应先微向左然后再向上、向前随着向右转体划弧向体前摆动，肘部微屈，掌心斜向下，肩部要放松，引手时右掌先由实变虚，即由坐腕状态逐渐放松到掌心斜向下,在上体右转的带动下使右臂在胸前平屈。注意臂与胸、肋部之间不要夹住,形成"死角"。

(2)两臂向里相合,是由上体微左回转带动两前臂微外旋,即两掌由掌心斜向下转至左掌掌心斜向右、右掌掌心斜向左,并略前送来体现的。不要做成两肘向里一夹或是两臂向下一剁的样子。

(3)不能只单纯模仿"手法""步法",忽略了"身法"。如两臂前摆、后引动作是由坐身右转来带动和协调的,两臂的合劲和虚步,是由身体向左回转来带动和协调的。

(4)定式时,两臂应在保持肘部微屈的情况下充分地开展。同时还应注意下颏微收,头微上顶,配合呼气下沉与松腰胯,充分体现出沉稳的气势。

攻防含义:手挥琵琶的手法是"合手撅臂"。当对方右手打来,我用右手握其腕部,顺势向后牵引,同时左手贴于对方肘关节处,然后两手左右用力内合。采用反关节擒拿方法,使对方右臂伤折(见图4-3-5)。

图4-3-5　手挥琵琶

6.倒卷肱

(1)右倒卷肱。

1)转腰撤手翻掌,上体稍右转,两手翻转向上,右手向下经腰侧向右后方划弧上举,与头同高,左手停于体前,眼先向右看,再转看左手。

2)退步卷肱,上体稍左转,左脚提起向后退一步,脚前掌轻轻落地,右臂屈肘,右手收至肩上耳侧,掌心斜向前下方,左手开始后收,眼看左手。

3)虚步推掌,上体继续左转,重心后移,左脚踏实,扭直右脚,脚跟离地,右膝屈膝成右虚步,右手推至体前,腕与肩平,掌心向前,左手向后、向下划弧,收至腰间,眼看右手。

(2)左倒卷肱。

1)转体撤手,与"右倒卷肱"相同,只是左右方向相反。

2)退步卷肱,与"右倒卷肱"相同,只是左右方向相反。

3）虚步推掌，与"右倒卷肱"相同，只是左右方向相反。

练习要领：

1）定式。每式的"虚步推掌"为定式。此时，动作由虚转实，微微一沉，然后才接着做下一个式子。这才是本式正确的节奏处理。

2）步法。本式的步法是在虚步基础上的连续退步。以作虚步为例，左腿屈膝轻轻地提起，带动左脚前掌离开地面，此时左小腿和踝关节放松，左脚尖自然下垂。提脚高度以不超过右踝为宜。然后左脚慢慢地经右踝内侧向后略偏左方落步。在上述提脚、退步、落脚的过程中，体重仍由右腿支撑。注意不要出现体重随着退步同时后移，在左脚尖刚着地时，体重以两腿分担的"抢步"现象。

3）掌。本式中两掌的动作是一前推，一后撤。推掌动作和"搂膝拗步"一样。后撤手时，注意不要直向回抽，即不要过分地屈肘把手从胸侧后撤，造成前、上臂之间，上臂与肋部之间夹紧，肩部耸起。正确的做法是，走弧线，向下经腰侧后撤，胸、肋、肩各部位都要圆活自然。手从腰侧向右后方划弧平举时，前后两臂的交角约135°，两臂不要拉成一条直线。

两掌一推一撤，在体前有一个两掌交错的过程，就好像回撤的掌心有一物，前推掌的动作就是要把它推掉似的。前推、后撤的动作路线，都不能直来直去，右手经过微向左、再向右的弧线，左手经过微向右、再向左的弧线。

4）眼神，应随着转体先向侧看，再转看前手。视线转移的角度为90°。

攻防含义：倒卷肱的含义是在退守中反击。当对方右手攻来时，我用左手接住，顺势退步牵引，右手则突然向前击打对方胸部（见图4-3-6）。

图 4-3-6 倒卷肱

7. 左揽雀尾

(1)转体撤手,上体微右转,右手由腰侧向右上方划弧平举,与肩同高,掌心向上,左手在体前放松,手心向下,两臂平举与体侧,头随体转,眼平视。

(2)抱手收脚,上体继续右转,右手屈臂抱于右胸前,掌心翻转向下,左手划弧下落,屈抱于腹前,掌心转向上,两手上下相对为抱球状。左脚收至右脚内侧,脚尖点地,看右手。

(3)转体上步,上体轻轻左转,左脚向左前方迈出一步,脚跟轻轻着地。

(4)弓步绷臂,上体继续左转,重心前移,左脚踏实、屈膝成左弓步,右腿自然蹬直。两手前后分开,左臂半屈向体前绷架,腕与肩平,掌心向内,右手向下划弧按于右胯旁,掌心向下,五指向前,眼看左前臂。

(5)转体摆臂,上体微向左转,左手向左前方伸出,掌心转向下,右臂外旋,右手经腹前向上、向前伸至左前方内侧,掌心向上,眼看左手。

(6)转体后捋,上体右转,两手同时向下经腹前向右后方划弧后捋,右手举于身体右后侧,与头同高,左臂平屈于胸前,掌心向内,重心后移,身体后坐,左腿自然伸直,脚尖不翘,眼看右手。

(7)转体搭手,上体左转,正对前方,右臂屈肘,右手收回搭于左腕内侧,掌心向前,左前臂仍收于左胸前,掌心向内,指尖向右,眼看左腕。

(8)弓步前挤,重心前移,左腿屈弓,右腿自然蹬直成左弓步,右手推送左前臂向体前挤出,与肩同高,两臂撑圆,眼看左腕。

(9)后坐引手,重心后移,上体后坐,左脚尖翘起,左手翻转向下,右手经左腕上方向前伸出,掌心也向下,两手左右分开与肩同高,两臂屈肘,两手划弧后引,收到胸前,落于腹前,眼向前平视。

(10)弓步前按,重心前移,左脚踏实,左腿屈弓,右腿自然蹬直仍成左弓步,两手沿弧线推按至体前,两腕与肩同高,掌心均向前,指尖向上,眼看前方。

练习要领:

(1)"揽雀尾"动作要注意上下肢配合。掤、挤、按要与弓腿协调一致,捋和引手要与屈腿后坐协调一致,重心移动要充分。弓腿时要顶头、沉肩、立腰、敛臀、屈膝、落胯。

(2)"揽雀尾"是掤、捋、挤、按四个分式子的总称。在完成掤、捋、挤、按每个动作时,头要向上顶,四肢稍稍贯力,微微一沉,体现动作由虚到实,但不宜过分流露于外,然后立即接下一个动作。

(3)本式的步型是顺弓步,弓步的横向距离不可过大,以不超过 10 cm 为宜。开始后坐时,后蹬腿慢慢收屈,收屈时膝部微向外开,使膝部与指尖的指向基本一致,以带动前弓腿逐渐伸直。胯根微向里缩,腰胯放松,使臀部平行于地面,保持原来的高度,慢慢地后引。前弓腿时,臀部向里收敛,松腰松胯,要使臀部平行于地面地向前移动,重心大部分移至前腿,弓到膝盖与脚尖的连线与地面垂直为准,弓腿、转腰后,后腿再慢慢地自然伸直。做"掤、捋"式时腰部必须旋转,做"挤、按"式时腰部不必旋转。

(4)"掤在两臂"。做"掤式"时,转体分手掤出与屈膝前弓,应协调一致。

"掤式"完成时,左肩微微前顺,两臂要有向外膨胀的意念。

(5)"捋在掌心"。两臂的下捋要随着腰部转动,在两臂向下经腹前向右后上方划弧时,要有两手捋住对方的前臂向后弧形牵引的意念。向右后方旋转的幅度要充分,捋式完成时,在侧后方平举的左右手与正前方应成约 135°。

(6)"挤在前臂"。由"捋式"接做"挤式"时,应边转体边搭手,当身体转正,搭手完成后向前"挤"出。注意两肩松沉,肘部略低于腕部,两臂撑圆,上体正直,不要俯身突臀。

(7)"按在腰功"。"后坐引手"时,后腿膝部应微外开,前脚尖翘起,前腿膝部不要挺直,两手与肩同宽,向后、向下弧形收至胸前,落于腹前,手心斜向下。两肘微向外开,使上臂不要同肋部贴紧。此时,要有两手贴附在对方前推的前臂上,边引进边探察对方劲力的意念。

随着屈膝前弓,两手要保持与肩宽,沿弧线向上、向前推按(见图4-3-7)。

图 4-3-7 左揽雀尾

攻防含义：揽雀尾包括了太极拳中最基本的4种攻防手法。

(1)"绷"是伸臂绷架住对方的来手,为自己筑起一道防线,以观其变。

(2)"捋"是当对方攻来,我一手附于其腕,另一手附以其肘关节,顺势向后牵引,同时转腰侧领引进对方使其落空。

(3)"挤"是当对方感到落空,急于抽身后退之际,我用前臂贴紧对方,用快速挤压之力战胜对方。

(4)"按"是先向下牵引对方,使其向上反抗,重心升高,立脚不稳,再快速发力前推。

8.右揽雀尾

(1)转体分手,重心后移,上体右转,左脚尖内扣,右手经头前划弧右摆,掌心向外,两手平举于身体两侧,目光随右手转移。

(2)抱手收脚,左腿屈膝,重心左移,右脚收至左脚内侧,脚尖点地,两手上下相对在左肋前抱球,眼看左手。

(3)转体上步,与"左揽雀尾"相同,只是左右方向相反。

(4)弓步绷臂,与"左揽雀尾"相同,只是左右方向相反。

(5)转体摆臂,与"左揽雀尾"相同,只是左右方向相反。

(6)转体后捋,与"左揽雀尾"相同,只是左右方向相反。

(7)转体搭手,与"左揽雀尾"相同,只是左右方向相反。

(8)弓步前挤,与"左揽雀尾"相同,只是左右方向相反。

(9)后坐引手,与"左揽雀尾"相同,只是左右方向相反。

(10)弓步前按,与"左揽雀尾"相同,只是左右方向相反。

练习要领:

(1)均与"左揽雀尾"相同,只是左右方向相反。

(2)由"左揽雀尾"过渡到"右揽雀尾"要注意:右手随身体右转平行向右划弧时,左手不可随着向右摆动,两掌微外撑,两臂呈侧平举状。左脚尖里扣的角度以略超过身体的正前方为宜(见图4-3-8)。

攻防含义:与"左揽雀尾"的攻防含义相同。

图4-3-8 右揽雀尾

续图4-3-8 右揽雀尾

9.单鞭

(1)转体扣脚运臂,重心左移,上体左转,右脚尖内扣,两臂交叉运转,左手经头前向左划弧至身体左侧,掌心向外,右手经腹前向左划弧至左肋前,掌心转向上,视线随左手运转。

（2）勾手收脚，上体右转，重心右移，右腿屈膝，左脚收至右脚内侧，脚尖点地，右手向上向右划弧，掌心向内，经头前至身体右前方变成勾手，勾尖向下，腕与肩平，左手向下、向右划弧，经腹前至右肩前，掌心转向内，视线随右手转移，最后看勾手。

（3）转体上步，上体稍左转，左脚向左前方上步，脚跟落地，左手经面前向左划弧，掌心向内，眼看左手。

（4）弓步翻掌前推。

练习要领：

（1）本式弓步的方向应略向左偏斜一些，中线偏左15°～30°，因此，上步后，左脚跟着地时，脚尖要微外撇。

（2）"单鞭"的步型是顺弓步，两脚脚跟的横向距离约10cm。

（3）随着上体左转、左腿前弓，左手一边翻掌一边向前推出，到达顶点时，配合着松腰松胯和沉气完成翻掌和前推动作，并同时沉腕、展掌、舒指。在动作过程中应始终保持一种向外膨胀支撑的"绷"劲。

翻掌动作主要靠前臂的旋转来带动，而不应由腕部的旋转来完成，防止产生"耍腕花"的错误动作，五指也不必依次捏拢。

推掌沉腕时力在掌跟。定式时，左手指尖与鼻尖相对，左肘与左膝上下相对。随着左手的翻掌前推，右勾手要有微微后撑的意念，不要随体前移。右臂应略向后撑开，两臂之间的夹角约120°。注意右肩放松（见图4-3-9）。

攻防含义：单鞭的用法是先用勾手擒住对方的手腕，再用左手出击。

图4-3-9　单鞭

10.云手

(1)转体松勾,重心后移,上体左转,左脚尖内扣,脚尖指向正南方,左手向下、向右划弧,经腹前至右肩前,掌心向内,右勾手松开变掌,掌心向外,眼看右手。

(2)左云收步,上体左转,右脚向左脚收拢,脚前掌先着地,随着全掌踏实,两腿屈膝半蹲,两脚平行向前,相距约10cm成并步,左手经头前向左划弧运转,掌心渐渐由内转向外,右手向下经腹前同时向左划弧运转,掌心渐渐由外转向内,左手停于身体左侧,高于肩平,右手停于左肩前,视线随左手运转。

(3)右云开步,上体右转,重心右移,左脚向左横开一步,脚前掌先着地,随着全掌踏实,脚尖向前,右手经头前向右划弧运转,掌心逐渐由内转向外,左手向下经腹前同时向右划弧运转,掌心渐渐由外转向内,右手停于身体右侧,高于肩平,左手停于右肩前,视线随右手运转。

(4)左云收步,与(2)相同。

(5)右云开步,与(3)相同。

(6)左云收步,与(2)相同。

练习要领:

(1)云手动作要以腰为轴,转腰带手,身手合一。运转时,重心移动,腰和手的云转三者要同一方向,同时完成。两臂的旋转和脚步的移动要轻柔渐进,不可突然。

(2)云手的步型窄于起势的"开立步"。身体的重心应在两腿虚实转换中移动,不能像"开立步"那样由两腿均担。

(3)云手的步法是"侧行步",要注意以下几点:

1)要掌握"点起点落、轻起轻落"的步法规律。在开步或收步时,随着身体重心向另一腿转移,脚跟先离地,随着前脚掌离地,最后离地的是脚前掌内侧。落地时,应随着身体重心的移动,脚前掌内侧先着地,随着全脚掌逐渐着踏地。两脚掌此起彼落,轮流踏实。

2)要"虚实分明"。随着重心的转移,一条腿完全支撑体重,另一腿轻灵地提起、迈出并轻轻地下落,然后身体重心逐渐转移。

3)步幅要合度。"侧行步"的恰当步幅,是以一腿屈膝支撑着体重,另一腿自然伸直横迈一步的距离。体重不宜过早侧移造成"抢步"现象。

上体不可前俯后仰,不可起伏,要稳定地保持拳架高度。

(4)两手臂的动作,是交错地向体侧回环划圆,应注意:

1)在回环划圆中,前臂要自然地旋转。

2）腕部注意不要内弯折腕。

3）在翻掌时旋臂、展掌、舒指。

4）眼神随划弧的上手移动时，要有张有弛。手从面前经过，眼神适当放松些，切不可死盯着移动的手掌像"照镜子"那样（见图4-3-10）。

攻防含义：云手是防守动作，用前臂或手拨开对方的进攻。

图4-3-10 云手

续图4-3-10 云手

11. 单鞭

(1) 转体勾手，上体右转，重心右移，左脚跟提起，右手经头前向右划弧，至右前方掌心翻转变勾手,左手向下经腹前向右划弧运转至右肩前,掌心转向内,眼看勾手。

(2)转体上步,与前"单鞭"相同。

(3)弓步推掌,与前"单鞭"相同。

练习要领:与前"单鞭"式相同(见图4-3-11)。

攻防含义:与前"单鞭"的攻防含义相同。

图 4-3-11　单鞭

12.高探马

(1)后脚跟步,后脚向前收拢半步,前脚掌着地,距前脚约一脚长,左臂略向前伸展,腕关节稍放松,掌心向下。

(2)后坐翻掌,上体稍右转,重心后移,右脚踏实,右腿屈坐,左脚跟提起,右勾手松开,两掌翻转向上,两臂前后平举,肘关节微屈,头随上体半面右转,目光平视。

(3)屈臂虚步推掌,上体左转,右肩稍向前送,左脚活步,脚前掌着地,成左拗虚步,右臂屈肘,右手卷收经头侧向前推出,高于头平,掌心向前,左臂屈收,左手收至腹前,掌心向上,眼看右手。

练习要领:

(1)本式与"倒卷肱"比较,有下述差别:

1)"倒卷肱"是顺步的虚步推掌,而"高探马"是拗步的虚步推掌。故本式前推掌的肩前顺程度要略小于"倒卷肱",上体才较为宽舒自然。

2)"高探马"前推掌时肩部松沉,手指高于眼平,较"倒卷肱"略高些。

3)本式第三动左臂屈收,左手收至腹前,而不像"倒卷肱"那样收至腰侧。

(2)后坐翻掌时,头随身体稍右转,眼睛向右前方扫视,不要过分转头看侧后方的右手,造成颈部过分旋转(见图4-3-12)。

攻防含义:当对方右拳或右掌击来,我用左前臂外旋压住其腕或前臂,并顺势向下、向后引带,右手乘势直击其面,称为"扑面掌"。

图 4-3-12 高探马

13.右蹬脚

(1)穿掌提脚,上体稍右转,右手稍向后收,左手经右手背上向右前方穿出,两手交叉,腕关节相交,两腕与肩同高,左掌心斜向上,右掌心斜向下,左脚提起收至右小腿内侧,眼看左手。

(2)上步翻手,上体稍左转,左脚准备向左前方上步,约 30°,两手翻转分开,掌心向前,虎口相对,两臂半屈相对,眼看前方。

(3)分手弓腿,左脚落步、重心前移,左腿屈弓,右腿自然蹬直,上体稍右转,两手向两侧划弧,掌心相对,眼看右手。

(4)抱手收脚,右脚收至左脚内侧,脚尖点地,两手向腹前划弧相交合抱,举至胸前,右手在外,两掌心皆向内,眼看右前方。

(5)翻手提腿,左腿支撑,右腿屈膝上提,膝部高提,以不造成紧张为度,右脚尖自然下垂,两臂内旋,两手翻转分开,虎口相对,眼看右前方。

(6)分手蹬脚,两手分别向右前和左后方划弧分开,不要超过头部的高度,两臂展于两侧,肘关节微屈,腕与肩平,掌心皆向外,右脚脚尖上勾,脚跟用力慢慢向前蹬出,蹬脚高度以略高于胯部主为宜,力点在脚跟,右腿膝关节伸直,与右臂上下相对,方向为右前方 30°,眼看右手。

练习要领:

(1)本式的手型"穿掌—分手—合抱—撑开"。双手两次交叉和分开。要注意:

1)划弧时两肘均保持微屈状态,不要伸直。

2)分手经面前、划弧经腹前、合抱于胸前,要做到这"三前"。

3)边翻掌边划弧,即划弧中有前臂的旋转。合抱时两掌心向内,两肩松沉,

4)两肘微屈,要有向外膨胀的意念,把两臂撑圆。

(2)本式的步法"收脚上步—过渡弓步—提腿蹬脚"。

所谓"过渡弓步",是指在过渡动作中有弓步过程。迈步的方向是偏左前方30°,

左脚尖指向应与迈步方向一致,不要外撇。

蹬脚时,支撑身体的左腿膝部微屈,此时身体高度应略高于弓步高度,要保持平衡稳定,上体正直,下颏微向内收,头微向上顶,两肩松沉,胸部宽舒,呼吸自然,提膝时吸气,蹬脚时呼气,有助于身体的稳定,蹬脚的动作要与两手翻掌外撑协调一致。当右脚蹬到顶点时,两臂也分到左前右后平举。两腕均与肩平,肘部微屈,手心均斜向外,同时沉腕、舒掌,微微一撑一沉,使动作显得沉着稳定。

(3)在连贯练习时应注意做到,穿掌与提脚一致,上步与翻手一致,弓腿与分手一致,收脚与抱手一致,提膝与举手翻掌一致,蹬脚与分手撑掌一致(见图4-3-13)。

攻防含义:左、右蹬脚,用手拨开对方的进攻,随即用脚蹬踹对方。

图 4-3-13　右蹬脚

14.双峰贯耳

(1)屈膝并手,右小腿屈膝回收,脚尖自然下垂,左手经头侧向体前划弧,向手心逐渐翻转的右手汇合,两手心均斜向上,与肩同宽、同高,接着,与右手并落于右膝两侧,掌心皆翻转向上,眼看前方。

(2)上步落手,右脚向右前方上步,脚跟着地,脚尖斜向右前方约30°,两手收至两腰侧,掌心向上。

(3)弓步贯拳,重心向前,右脚踏实,右腿屈弓成右弓步,两手握拳从两侧向上向前划弧至头前,两臂半屈成弧相对,两拳相对成钳形,相距与头同宽,前臂内旋,拳眼斜向下,眼看前方。

练习要领:

(1)在上步出脚前,先支撑腿屈蹲,重心下降,然后再将右脚迈出,直至脚跟着地时重心仍在左脚,不要出现"抢步""落地砸夯"等毛病。

(2)两拳变掌的动作是两手由膝侧继续划弧下落经腰侧时,前臂内旋逐渐握拳,不要屈腕耍个"腕花"来握拳。

(3)两拳向上方贯出,力点在拳面。定式时,两肘微屈,肘尖下垂并向两侧外开,两拳眼斜向下。

(4)弓步贯拳时上体正直,松腰松胯,不要俯身、突臀(见图 4-3-14)。

攻防含义:两拳从腰间同时向前方划弧摆打,横击对方额角(太阳穴)。

图 4-3-14　双峰贯耳

15. 转身左蹬脚

(1)转体分手,重心后移,上体左转,右脚尖内扣,两拳松开,左手随转体经头前向左划弧,两手平举于身体两侧,掌心向外,眼看左手。

(2)抱手收脚,与"右蹬脚"相同,只是左右方向相反。

(3)翻手提腿,与"右蹬脚"相同,只是左右方向相反。

(4)分手蹬脚,与"右蹬脚"相同,只是左右方向相反。

练习要领:两个蹬脚的方向要对称,与中轴线前后保持约 30°的斜度(见图 4-3-15)。

攻防含义:转身拨开对方的进攻,随即用左脚蹬踹对方。

图 4-3-15　转身左蹬脚

16. 左下势独立

（1）收腿勾手，左腿屈收，左脚下垂收于右小腿侧，上体右转，右臂稍内合，右手捏拢变勾手，勾手的方向是侧后方 45°，左手经头前划弧摆至右肩前，掌心向右，眼看勾手。

（2）屈蹲开步，右腿屈膝半蹲，左脚脚前掌内侧先落地，擦地向左侧伸出，擦地的脚前掌尽量向里扣，随即全脚掌踏实，左脚伸直，左手落于右肋侧，眼看勾手。注意此时不可向左转体。

（3）扑步穿掌，右腿屈膝全蹲，上体左转成左扑步，左手经腹前沿左腿内侧向左穿出，掌心向外，指尖向左，力点在指尖，眼看左手，注意此时身体仍由右腿支撑，重心不要前移，右手仍在右后方保持勾手。

（4）弓腿起身，重心移向左腿，左脚尖外撇，左腿屈膝前弓，右脚尖内扣，右腿自然蹬直，重心恢复至弓步高度，左手继续前穿并向上挑起，右勾手内旋，背于身后，勾尖朝上，眼看左手。

（5）独立挑掌，上体左转，重心前移，右腿屈膝前提，脚尖自然下垂，左腿微屈独立支撑，成左独立步，左手下落按于左胯旁，右勾手下落变掌，经体侧向体前挑起，掌心向左，指尖向上，高于眼平，力点在拇指一侧，右肘关节与右膝相对，眼看右手。

练习要领：右腿全蹲时，上体不可过于前倾。左腿伸直，左脚尖须向内扣，两脚脚掌全部着地。左脚尖与右脚跟踏在中轴线上。上体要正直，独立的腿要微屈，右腿提起时脚尖自然下垂（见图 4-3-16）。

图 4-3-16　左下势独立

攻防含义：下势（仆步穿掌），对方左手打来，我用右勾手刁住其腕，随之蹲身下势，左腿、左手插入对方裆下将对方掀起。独立挑掌，对方左手击来，我用右手向上挑开对方，随即右腿屈起，用膝关节向前顶撞对方。

17. 右下势独立

（1）落脚勾手，右脚落于左脚右前约一脚距离，当左脚跟内转之后，右脚的位置恰好在左脚足弓内侧，脚前掌着地，上体左转，左脚以脚前掌为轴随之扭转，内转的程度，以使左脚脚尖向南偏东 20°～30°为宜，左手变勾手向上提举于身体左侧，高于肩平，右手经头前划弧左摆至左肩前，掌心向左，眼看勾手。

（2）屈蹲开步，与"左下势独立"相同，只是左右方向相反。

（3）扑步穿掌，与"左下势独立"相同，只是左右方向相反。

（4）弓腿起身，与"左下势独立"相同，只是左右方向相反。

（5）独立挑掌，与"左下势独立"相同，只是左右方向相反。

练习要领：

（1）扑步时膝部要伸直，扑出腿脚尖内扣，下蹲腿脚掌全部着地，不要出现脚外侧离地的"掀脚"现象，上体稍向扑步的方向，正西，微倾，一般不超过30°。下蹲腿尽量下蹲，脚尖略外展，脚掌全部着地，不要出现脚跟离地的"拔跟"现象，下蹲腿膝部和脚尖方向一致。扑步的两脚前后距离以扑出腿的脚尖和下蹲腿的脚跟在一条直线上为宜。

（2）独立步时，支撑身体的腿脚的膝部要保持微屈，不要挺直。定式时右臂上挑要舒展，不要过分屈肘收缩，左手下按要沉，不要软屈。

（3）做"右下势独立"，在右脚下落，脚前掌着地之后，再开始做其他动作。

（4）"右下势独立"的第二动不同之处，仅在于右腿扑步前，应先把脚前掌着地的右脚轻轻提起离地后再擦着地面扑出（见图 4-3-17）。

攻防含义：与"左下独立式"的攻防含义相同。

图 4-3-17　右下势独立

18. 左右穿梭

(1) 右穿梭。

1) 落脚转体抱手,左脚向左前方落步,脚跟着地,脚尖外撇,随着全脚踏实,右脚跟抬起呈半坐盘步,上体左转,左手翻转向下,右手翻转向上,两手在左肋前上下相抱,右脚收至左脚内侧,脚尖点地,眼看左手。

2) 上步错手,上体右转,右脚向斜前方 30°上步,脚跟着地,右手由下向前上方划弧,左手由上向后下方划弧,两手交错,眼看右手。

3) 弓步架推,上体继续右转,重心前移,右脚踏实,右腿屈膝前弓,成右弓步,右手翻转上举,架于右额角前上方,略高于头,掌心斜向上,左手前推至胸前,高于鼻平,眼看左手。

(2) 左穿梭。

1) 转体撇脚,重心稍后移,右脚尖稍外撇,上体右转,右手下落于头前,右手稍向左划弧外展,准备抱球,眼看右手。

2) 抱手收脚,与"右穿梭"相同,只是左右方向相反。

3) 上步错手,与"右穿梭"相同,只是左右方向相反。

4) 弓步架推,与"右穿梭"相同,只是左右方向相反。

练习要领:

1) 本式是拗弓步,两脚横向距离约 30 cm。

2) 由"抱球"过渡到"弓步架推",恰如把抱在胸前的球向右上方翻转流动,此时,右手开始上架,左手收到肋侧,为一撑、前推做好准备。

3) 定式时右手应翻掌向上举撑,停于右额前上方。有托架的意念。左手要先收回蓄劲,再向前推按的意念。右手向上举时,防止引肩上耸。左手推出后,上体不可前俯。一手上举一手前推要与弓腿松腰上下协调一致(见图 4-3-18)。

攻防含义:对方右手打来,我伸右手向上挑架,同时左手前推出击。左、右用意相同。

图 4-3-18　左右穿梭

19. 海底针

（1）后脚跟步，右脚向前收拢半步，脚前掌着地，距前脚约一脚长，右脚尖指向北偏西 45°，两手放松，开始划弧下落，眼看右手。

（2）后坐提手，重心后移，右脚踏实，右腿屈膝，上体右转，左脚跟离地，右手下落经右胯侧屈臂抽提至耳侧，掌心向左，指尖向前，左手经体前向下划弧至腹前，掌心向下，指尖斜向右前方，眼看前方。

（3）搂膝虚步插掌，上体左转并稍向前俯身，右手经耳侧向前下方斜插，掌心向左，指尖向前下，左手经左膝前划弧搂过，按至左大腿侧，左脚活步前移，脚前掌着地成左虚步。

练习要领：

（1）两手的动作路线，就是右手随体在右侧划一个立圆，左手随转体在体前划半个立圆。右手向上抽提时应保持松肩垂肘。插掌时要从耳侧斜向前下方直插下去，不要做成"劈"或"砍"状，插掌时右肩不要过分前倾，以免上体向左扭转。

（2）要用腰部的转动带动和协调全身的动作，在身体后坐、右转、重心右移的同时右手向上抽提，在上体左转、左脚活步前移的同时，右手向前下方斜插，定式时，形成虚步、右手下插、左手下按要同时完成。

（3）定式时，上体可随右手插掌的动作稍向前倾，但不要低头、弯腰、突臀。眼看前下方五、六步远（见图 4-3-19）。

攻防含义：对方右手打来，我用左手下按对方，右手直插对方裆部。

图 4-3-19　海底针

20.闪通臂

(1)提手收脚,上体右转并恢复正直,右手上提,指尖朝前,掌心向左,左手屈臂收举,指尖贴近右腕内侧,左脚收至右小腿内侧,眼看前方。

(2)上步翻掌,上体再稍右转,左脚向前迈出一步,脚跟着地,两脚宽度约10cm,本式是顺弓步,步子不可过宽,两手开始翻掌分开,两臂内旋,左手前推,右手上举,眼看前方。

(3)弓步推掌,重心前移,左脚踏实,左腿屈弓,右腿自然蹬直成左弓步,左手推至体前,与鼻尖对齐,右手撑于头侧上方,掌心斜向上,两手前后分展,眼看左手。

练习要领:

(1)前手与前腿要上下相对。上体也不可过分扭转。

(2)两手一推一撑,要做得协调开展。左手应体现出向前推按的意念,右手应体现出上撑并微微向后引拉的意念。

(3)完成姿势,上体自然正直、松腰、松胯;左臂不要完全伸直,背部肌肉要伸展开。推掌、举掌和弓腿动作要一致。弓步时,两脚跟横想距离同"揽雀尾"式(见图4-3-20)。

攻防含义:用右手将其对方右腕后带,左手推击对方肋部。两手同时推撑,快速突然,腰、腿、臂同时发力。"闪"形容快速如电,"通臂"或"通背"是指劲力通达于两臂或背部。

图 4-3-20　闪通臂

21.转身搬拦捶

(1)转身扣脚,重心后移,右腿屈坐,左脚尖内扣,身体右转,转向北方,但眼神要领先一些,平视北偏东,两手向右侧摆动,右手摆至体右侧,左手摆向左额前上方,掌心均向外,眼看右手。

(2)转体握拳,上体继续右转,转向北偏东,眼神仍要领先,平视正东,重心左移,左腿屈坐,右腿自然伸直,右脚以脚掌为轴,脚跟随着内转,注意不要把右脚收到左脚内侧,成脚尖点地状,右脚应在原地做上述调整动作,右手逐渐握拳下落,经腹前向左划弧,停于左肋前,拳心朝下,左手撑举于左额前方,眼向前平视。

(3)垫步搬拳,右脚提收至左脚踝关节内侧,再向前垫步迈出,脚跟着地,脚尖外撇,注意边迈步边外撇,不要在脚跟落地后才外撇脚尖,随即踏实,右拳经胸前向前搬压,拳心向上,高于胸平,肘部微屈,右脚微屈,使前臂和上臂之间约成120°,左手经左前臂外侧下落,按于左胯旁,右拳"搬",左手"采"要同时完成,用身体微右转来带动手脚动作,眼看右拳。

(4)转体收拳,上体右转,重心前移,左脚跟提起,右臂内旋,右拳向右划弧后收至体侧,拳心转向下,右臂半屈,左臂外旋,左手经左侧向体前划弧,掌心斜向下,眼平视前方。

(5)上步拦掌,左脚向前上步,本式不能按拗弓步来处理,弓步横向距离不得大于10cm,脚跟着地,弓步横向距离约10cm,左掌外旋立掌,拦至体前,高与肩平,拦到顶点,掌心由向下转至斜向右前方,肘部微屈,掌心向右,指尖斜向上,随着身体微左转,右拳边外旋边收至右腰间,拳心由向下转至拳心向上,眼看左掌。

(6)弓步打拳,上体左转,重心前移,左腿屈弓,左脚踏实,右腿自然伸直,成左弓步,右拳向前边内旋边打出至胸前,肘微屈,拳心转向左,拳眼转向上,高于胸平,注意要有用拳面向体前冲出的意念,不要过于屈肘使拳面向上方打出,左手微收,掌指附于右前臂内侧,掌心向右,眼看右拳。

练习要领:

(1)搬拳——拳由内向外格挡防守。右拳由左向右格挡,或由上向下搬压。力点在拳背或腕关节内侧。

(2)拦拳——掌向前阻拦防守。左拳经左划弧向前伸出,由左向右并内旋翻掌拦截。力点在掌指和掌心。

(3)打拳——拳由腰间旋转向前冲打,由拳心向上转为拳眼向上,力点在拳面(见图4-3-21)。

攻防含义：对方左手打来，用右搬拳格挡阻截，并旋臂右带，对方右手打来，复以左拦掌拦阻，用左手向右推开对方手臂，截断对方攻势，随即用右拳直击对方。

图 4-3-21　转身搬拦搬捶

22. 如封似闭

（1）穿手翻掌，左手翻掌向上，同时经右前臂下面向前穿出，右拳随即变掌，并同时翻转向上，两手举于体前，眼看前方。

（2）后坐引手，重心后移，右腿屈坐，左脚尖翘起，两臂边屈臂回收，边内旋前臂翻掌，收至胸前时掌心也已翻转向下了，两掌与肩同宽，眼看前方。

（3）弓步按掌，重心前移，左腿屈弓，左脚踏实，右腿自然蹬直成左弓步，两手先下落再向上、向前平行推出，与肩同宽，腕与肩平，掌心向前，五指向上，眼看前方。本式弓步前按的动作与"揽雀尾"的按式相同。

练习要领：身体后坐时，避免后仰，臀部不可凸出。两臂随身体回收时，肩、肘部略向外松开，不要直接抽回。两手推出宽度不要超过两肩（见图 4-3-22）。

攻防含义：对方双手推来，我两手交叉插入其两臂之间，顺势向后接引，同时旋臂分手化开对方攻势，引进对方使其落空，我再双手前按反击对方。

图 4-3-22 如封似闭

23. 十字手

（1）转体扣脚，上体右转，重心右移，右腿屈坐，左脚尖内扣，右手向右摆至头前，眼看右手。

（2）撇脚弓腿分手，上体继续右转，右脚尖外撇，右脚尖指向西偏南，右腿屈弓，左脚自然伸直，成右侧弓步状，重心移至右腿，右手继续向右划弧，摆至身体右侧，两臂平举于体前，两掌微微坐腕外撑，两臂不可伸直，掌心皆向前，眼看右手。

（3）转体扣脚落手，上体左转，重心左移，左腿屈弓，右腿自然伸直，右脚尖内扣，两手向下划弧，转头，眼看前方。

（4）收脚合抱，上体转回起势方向，右脚提起向左收回半步，脚前掌落地，随之全脚踏实，两腿慢慢直立，两脚平行向前，与肩同宽成开立步，两手向下划弧在腹前交叉，举抱于胸前，右手在外，掌心皆向内，两臂撑圆，两腕交叉成斜十字，高于肩平，眼平视前方。

练习要领：转体扣脚和弓腿分手要连贯圆活，一气呵成，不可中途断劲，两手合抱时要注意上体端正，不可低头弯腰，两臂要撑圆，不可抱得太紧（见图4-3-23）。

攻防含义：双手合抱胸前，既是封闭防守，又是伺机而发，以应付对手进攻。

图 4-3-23 十字手

24. 收势

（1）翻掌分手，两臂内旋，两手翻转向下并左右分开，与肩同宽，眼平视前方。

（2）垂臂落手，两臂徐徐下垂，两手下落于大腿外侧，意念气随两臂徐徐下沉，眼平视前方。

(3)并步还原,左脚轻轻提起与右脚并拢,脚前掌先着地,随着全脚踏实,恢复成预备姿势,眼看前方。

收势要注意全身放松,把太极拳的运动特点贯穿到底。在完成了还原姿势后再缓缓走动,不要加快速度匆匆还原或尚未完成收势就走动。

练习要领:两手左右分开下落时,要注意全身放松,同时气也徐徐下沉(呼气略加长)。呼吸平稳后,把左脚收到右脚旁再走动休息(见图4-3-24)。

图4-3-24　收势

整体练习要点:要用意引导动作,做到"意动身随"。意在拳先,使动作的劲力、协调得到充分、完美的表现。眼法要随着主要的手的动作而向前平视。凡动作变化,首先用意识指导动作的动向。内动,眼神先向预定前去的方向前视,然后身法、手法、步法跟上去。所谓"一转眼则周身全动",这是"始而意动,继而内动,内脏,然后形动,外形"的细致的锻炼方法。逐渐做到,意到、眼到、身到、手到、步到、音乐到,配乐时与音乐同步,达到"神形合一"。

"体松"就是保持身体自然舒展却不可疲软松懈。太极拳练功夫之步骤先求松静由松入柔积柔成刚刚复归柔。以至不柔不刚亦柔亦刚。贯劲之法为积柔成刚阶段。用功日久,手臂自然地会产生沉重的感觉,沉重中带有轻灵,轻灵中带有沉重。轻灵而不流于飘浮,沉重而不犯僵滞。这就是拳论"运动须无微不到""劲似松非松""似刚非刚、似柔非柔",所要求达到的境界。

对称协调的5个规律:

(1)意欲向上,必先寓下。

(2)意欲向左,必先右去。

(3)前去之中,必有后撑。

(4)上下左右,相吸相系。

(5)对拉拔长,曲中求直。

二、24式简化太极拳考试方法及标准

(一)方法

(1)学生以个人为单位,听音乐进行考试。

(2)太极拳评分标准最高为100分。

(3)根据演练技巧及错误动作进行扣分。

(4)缺课1/3者不得参加考试和补考。

(5)因病、因事未测和不及格者,在测验后一周内由任课教师进行补考。

(二)标准

(1)手型、手法、步型、步法、腿法符合规格要求。凡每出现一次轻微错误扣2分,每出现一次显著错误扣3分,每出现一次严重错误扣5分;一个动作同时出现多种错误时,扣6~10分。

(2)运劲顺达、力点准确、连贯圆活、手眼身法步配合协调。凡与要求轻微不符者,扣1~3分,显著不符者扣4~6分,严重不符者,扣7~10分。

(3)神态自然、意识集中、速度适宜、风格突出。凡与要求轻微不符者,扣1~3分,显著不符者扣4~6分,严重不符者,扣7~10分。

(4)没有完成套路:凡学生没有完成套路中途退场者,不予评分。

(5)遗忘:每出现一次遗忘,根据不同程度,扣1~3分。

(6)失去平衡:每出现一次摇晃扣1分,每出现一次附加支撑扣2分,连续出现附加支撑扣3分。

(7)重做:凡考生因动作遗忘、失误等原因造成考试中断者,可重做一次,扣10分(从90分打起),以此类推。

(8)套路考试时间(以24式太极拳的音乐时间为准):所做动作应与音乐相符。凡完成套路超出或不足规定时间达1~5s扣2分,达5.1~10s扣3分,以此类推。(无音乐除外)

(9)动作数量:动作数量超出或不足,每多或少一个动作扣3分。

(10)动作方向:凡偏离规定方向45°以上,每出现一次扣1分。

附　　录

附录1　学校体育工作管理制度

第一章　总　　则

学校体育工作的基本任务是指导学生锻炼身体,增进学生身心健康、增强体质,使学生掌握体育的基本知识和运动技能,学会科学锻炼的方法,养成经常锻炼的习惯,逐步提高运动技能水平,向学生进行共产主义思想和道德品质教育,增强组织纪律性,树立良好的体育道德风尚和集体荣誉感,培养学生的勇敢、顽强、进取精神。

第一条　为保证学校体育工作的正常开展,促进学生身心的健康成长,制定本条例。

第二条　学校体育工作是指学校体育课教学、课外体育活动、课余体育训练和体育比赛。

第三条　学校体育工作应坚持普及与提高相结合、体育锻炼与安全卫生相结合的原则,积极开展多种形式的强身健体活动,重视继承和发扬民族传统体育,注意吸取其他学校体育的有益经验,积极开展阳光体育工作。

第四条　学校体育工作应当面向全体学生,积极推行《国家学生体质健康标准》《安徽省中小学生体能评价标准》的活动。

第五条　体育课教学应当遵循学生身心发展的规律,教学内容应当符合教学大纲的要求,符合学生年龄、性别特点和所在地区地理、气候条件。体育课的教学形式应当灵活多样,不断改进教学方法,开展多种形式的强身健体活动,提高教学质量,形成学校的体育特色。

第六条　学生因病、残免修体育课或者免除体育课考试的,必须持医院证明,经学校体育教研组审核同意,并报学校教务处备案,记入学生健康档案。

第二章 课外体育活动

第一条 开展课外体育活动应当从实际情况出发,因地制宜,生动活泼。每周安排五次大课间活动,保证学生每天有一小时体育活动的时间(含体育课)。

第二条 在学生中认真推行《国家学生体质健康标准》《安徽省中小学生体能评价标准》。

第三章 课余体育训练与竞赛

第一条 学校在体育课教学和课外体育活动的基础上,根据条件建立学校各种运动队,开展多种形式的课余体育训练,保证训练时间、场地、经费,提高学生的运动技术水平,并积极参加各级各类体育竞赛活动,力争取得优良成绩。

第二条 教师应制订课余体育训练计划,重视对政策的管理,努力克服训练中的盲目性和随意性。对参加课余体育训练的学生,应当安排好文化课学习,加强思想品德教育,并注意改善他们的营养。

第三条 学校体育竞赛认真执行小型多样、单项分散、基层为主、勤俭节约的原则。学校每学年至少举行一次以田径项目为主的全校性运动会,并组织小型多样的体育竞赛,活跃学生的课余生活。

第四章 体 育 教 师

第一条 体育教师应当热爱学校体育工作,认真贯彻落实《学校体育工作条例》,依法治教,遵守学校各项规章制度,具有良好的思想品德和文化素养。对待学生主动热情,关心爱护,不体罚学生,为人师表。努力钻研业务,掌握体育教育理论和教学方法,积极工作,勇于探索。

第二条 学校应在各级教育行政部门核定的教师总编制数内,按照教学计划中体育课授课时数所占的比例和开展课余体育活动的需要配备体育教师。

第三条 各级教育行政部门和学校应有计划地安排体育教师进修培训。按照国家有关规定,每学年应妥善解决体育教师工作服装以及落实室外津贴,对负责课外活动以及运动训练的教师,按要求计算工作量。

第四条 要按课程要求配备好体育教师,体育教师要认真执行体育与健身新课标,要依照《体育课堂常规》要求备好课、上好课,使用体育课本和体育备课本,制定好教学计划,不断改进教学方法。对教学、教研、训练工作突出的体育教师,学校要给予表彰奖励,推荐市、省评选先进个人。

第五条 体育教师切实组织课间操、大课间活动、课外体育活动和课余训练、体育竞赛。保证学生每天一小时体育活动,任何个人或部门不得占用体育课和课外活动课。

第六条 教师要认真执教,做好学生安全教育工作,如有伤害事故应与卫生室和班主任联系,并及时送医院就诊治疗。体育教师做好事故原因的调查取证工作。

第七条 努力做好体育成绩考核评定,《学生体质健康标准》《中小学体育合格标准》的登统工作,建立健全学生体育档案、运动队训练档案及各项竞赛活动等资料的整编。

第八条 搞好体育教研组的办公环境,坚持参加教研、培训活动,认真做好期末工作总结,积极开展体育科研工作,撰写体育教育教学论文。

第五章 场地、器材、设备和经费

第一条 上级主管部门和学校应按照国家和地方制定的各类学校体育场地、器材、设备标准,并根据学校体育工作的实际需要,把学校体育经费纳入核定的年度教育经费预算内,予以妥善安排。每年体育经费不少于学校总经费的3%。添置体育器材需报告领导,批准后方能购进,并把好质量关。

第二条 学校应制定体育场地、器材、设备的管理维修制度,并由专人负责管理。任何单位或者个人不得侵占、破坏学校体育场地或者破坏体育器材、设备。

第三条 做好各类体育器材设备的维修保养工作,如有损坏或事故隐患应该及时报修,防止伤害事故的发生。保证体育课的正常开展。经批准报废、报损的体育器材设备,按报废报损制度进行。

第六章 组织机构和管理

第一条 由副校长主管体育工作,健全学校体育管理机构,加强对学校体育工作的指导和检查。在制订计划、总结工作、评选先进时,应当把体育工作列为重要内容。

第二条 班主任、辅导员应当把学校体育工作作为一项工作内容,经常教育和督促学生积极参加体育活动,并协助体育组做好课间操、眼保健操、课外体育活动的组织工作。学校的卫生部门应当与体育管理部门互相配合,搞好体育卫生工作。总务部门应当搞好学校体育工作的后勤保障。

第三条 充分发挥学校体育工作作用,学校要把"两课两操两活动"、体育达标活动(学生达标率为95%以上)等内容,列入"文明班""三好学生"评比评选条件,做好检查登记和评比工作,对有体育特长的学生要给予表彰,树立榜样。

第四条 对违反本条例,有下列行为之一的部门或者个人,由学校行政部门令其限期整正,并视情节轻重对直接责任人员给予批评教育或者行政处分。

(1)违反学校规定,不按课表上课,随意增减或挤占体育卫生课课时的。

(2)侵占、破坏学校体育场地、器材、设备的单位或者个人。本条例自发布之日起施行。

附录2 《国家学生体质健康标准》

高中一年级男生评分标准

等级	单项得分	肺活量体重指数	1 000m跑	台阶试验	50m跑/s	立定跳远/m	掷实心球/m	握力体重指数	引体向上/次	坐位体前屈/cm	跳绳(次/min)	篮球运动/s	足球运动/s	排球垫球/次
优秀	100	82	3'28"	68	6.6	2.58	13.6	92	23	20.8	185	9.2	7.2	40
	98	81	3'31"	67	6.7	2.57	13.2	91	22	20.4	180	9.6	7.4	39
	96	80	3'34"	66	6.8	2.55	12.6	90	21	19.9	173	10.2	7.8	37
	94	79	3'37"	65	6.9	2.54	12.0	88	20	19.4	165	10.9	8.2	35
	92	78	3'40"	64	7.0	2.52	11.2	87	19	18.7	155	11.7	8.6	33
	90	76	3'43"	62	7.1	2.50	10.4	85	18	18.0	145	12.6	9.1	30
良好	87	75	3'47"	61	7.2	2.47	10.2	83	17	17.1	141	13.0	9.4	29
	84	73	3'51"	59	7.4	2.44	9.8	81	16	15.8	134	13.5	9.8	27
	81	71	3'56"	58	7.5	2.40	9.4	78	15	14.4	128	14.1	10.2	25
	78	68	4'01"	55	7.7	2.34	8.9	75	14	12.6	119	14.9	10.8	23
	75	66	4'06"	53	7.9	2.29	8.5	71	13	10.8	110	15.6	11.3	20
及格	72	64	4'11"	52	8.0	2.26	8.2	69	12	9.7	105	16.2	11.6	19
	69	61	4'16"	51	8.1	2.21	7.7	66	11	8.0	96	17.2	12.1	17
	66	59	4'21"	50	8.2	2.17	7.2	63	10	6.3	88	18.1	12.6	15
	63	55	4'26"	48	8.3	2.10	6.6	59	9	4.0	77	19.4	13.2	12
	60	52	4'31"	46	8.4	2.04	6.0	55	8	1.7	66	20.6	13.8	9
不及格	50	51	4'40"	45	8.5	2.02	5.8	54	6	1.0	62	21.4	14.2	8
	40	49	4'50"	44	8.6	1.99	5.5	52	5	−0.1	55	22.7	14.7	7
	30	48	5'00"	43	8.7	1.96	5.2	50	4	−1.1	48	23.9	15.2	6
	20	45	5'10"	42	8.9	1.92	4.8	48	3	−2.5	39	25.6	15.9	5
	10	43	5'20"	40	9.0	1.89	4.4	46	2	−3.8	30	27.2	16.6	3

高中一年级女生评分标准

等级	单项得分	肺活量体重指数	800m跑	台阶试验	50m跑/s	立定跳远/m	掷实心球/m	握力体重指数	引体向上/次	坐位体前屈/cm	跳绳(次/min)	篮球运动/s	足球运动/s	排球垫球/次
优秀	100	68	3′24″	68	7.8	2.01	8.0	70	51	20.3	175	11.8	7.9	35
	98	67	3′27″	67	7.9	2.00	7.9	69	50	20.0	170	12.1	8.4	34
	96	66	3′29″	66	8.0	1.98	7.8	68	49	19.5	163	12.6	9.2	32
	94	65	3′32″	64	8.1	1.97	7.7	67	48	19.1	155	13.2	10.0	30
	92	64	3′35″	62	8.3	1.95	7.6	65	47	18.4	145	13.9	11.1	28
	90	63	3′38″	60	8.4	1.93	7.4	63	45	17.8	135	14.6	12.1	25
良好	87	62	3′42″	59	8.5	1.91	7.3	62	44	17.0	131	15.3	12.5	24
	84	60	3′46″	57	8.6	1.87	7.2	60	43	15.7	125	16.4	13.1	22
	81	59	3′50″	54	8.7	1.84	7.1	58	41	14.4	119	17.5	13.8	21
	78	56	3′54″	52	8.8	1.79	7.0	55	39	12.7	110	19.0	14.6	18
	75	54	3′58″	49	8.9	1.75	6.8	52	37	11.0	102	20.4	15.5	16
及格	72	52	4′03″	48	9.0	1.72	6.7	51	36	10.0	97	21.2	16.2	15
	69	50	4′08″	47	9.1	1.67	6.6	48	33	8.3	90	22.3	17.3	14
	66	47	4′13″	45	9.2	1.63	6.4	46	31	6.7	82	23.4	18.4	13
	63	44	4′18″	44	9.3	1.57	6.2	43	28	4.5	72	24.9	19.9	11
	60	41	4′23″	42	9.4	1.51	6.0	40	25	2.3	62	26.4	21.4	9
不及格	50	40	4′30″	41	9.5	1.50	5.8	39	24	1.9	58	27.2	21.8	8
	40	38	4′37″	40	9.7	1.47	5.4	38	23	1.2	51	28.3	22.5	7
	30	37	4′44″	39	9.9	1.45	5.0	36	21	0.5	45	29.4	23.1	6
	20	35	4′51″	37	10.2	1.41	4.5	35	20	−0.4	37	30.9	24.0	5
	10	34	5′00″	36	10.4	1.38	4.0	33	18	−1.4	28	32.4	24.9	3

高中二年级男生评分标准

等级	单项得分	肺活量体重指数	1 000m跑	台阶试验	50m跑/s	立定跳远/m	掷实心球/m	握力体重指数	引体向上/次	坐位体前屈/cm	跳绳（次/min）	篮球运动/s	足球运动/s	排球垫球/次
优秀	100	83	3′28″	68	6.4	2.61	13.8	93	24	21.5	190	9.0	6.9	45
	98	82	3′31″	67	6.5	2.60	13.4	92	23	21.1	185	9.4	7.1	44
	96	81	3′33″	66	6.6	2.58	12.8	91	22	20.6	178	10.0	7.5	41
	94	80	3′35″	65	6.7	2.57	12.2	90	21	20.1	170	10.7	7.9	39
	92	79	3′38″	64	6.8	2.55	11.4	88	20	19.5	160	11.5	8.3	36
	90	77	3′41″	62	6.9	2.53	10.6	86	19	18.8	150	12.4	8.8	33
良好	87	76	3′45″	61	7.0	2.51	10.4	84	18	17.9	145	12.8	9.1	32
	84	74	3′49″	59	7.2	2.47	10.0	82	17	16.6	138	13.3	9.5	30
	81	72	4′03″	58	7.3	2.44	9.7	79	16	15.3	131	13.9	9.9	28
	78	69	4′08″	55	7.5	2.39	9.2	76	15	13.5	122	14.7	10.5	25
	75	66	4′13″	53	7.7	2.34	8.7	72	14	11.8	112	15.4	11.0	22
及格	72	65	4′18″	52	7.8	2.31	8.5	70	13	10.6	107	16.0	11.3	21
	69	62	4′23″	51	7.9	2.26	8.1	67	12	8.8	98	17.0	11.8	19
	66	59	4′28″	50	8.0	2.22	7.7	64	11	7.0	90	17.9	12.3	17
	63	56	4′33″	48	8.1	2.15	7.2	60	10	4.6	79	19.2	12.9	15
	60	53	4′38″	46	8.2	2.09	6.8	56	9	2.2	68	20.4	13.5	12
不及格	50	51	4′45″	45	8.3	2.07	6.6	55	7	1.5	64	21.2	13.9	11
	40	50	4′51″	44	8.5	2.04	6.3	53	6	0.4	58	22.5	14.4	10
	30	48	4′58″	43	8.6	2.01	6.1	51	5	−0.7	52	23.7	14.9	8
	20	46	5′05″	42	8.8	1.97	5.7	49	4	−2.1	43	25.4	15.6	6
	10	44	5′12″	40	9.0	1.93	5.4	47	3	−3.5	35	27.0	16.3	4

高中二年级女生评分标准

等级	单项得分	肺活量体重指数	800m跑	台阶试验	50m跑/s	立定跳远/m	掷实心球/m	握力体重指数	引体向上/次	坐位体前屈/cm	跳绳(次/min)	篮球运动/s	足球运动/s	排球垫球/次
优秀	100	70	3'24"	66	7.6	2.03	8.1	70	52	20.7	178	11.6	7.7	40
	98	69	3'27"	65	7.7	2.02	8.0	69	51	20.4	173	11.9	8.2	39
	96	68	3'29"	64	7.8	2.00	7.9	68	50	19.9	166	12.4	9.0	36
	94	67	3'32"	63	7.9	1.99	7.8	67	49	19.4	158	13.0	9.8	34
	92	66	3'35"	62	8.1	1.97	7.7	66	47	18.7	148	13.7	10.9	31
	90	64	3'38"	60	8.2	1.95	7.5	64	45	18.0	138	14.4	11.9	28
良好	87	63	3'42"	59	8.3	1.93	7.4	63	44	17.2	134	15.1	12.3	27
	84	61	3'46"	57	8.4	1.89	7.3	60	43	16.0	127	16.2	12.9	25
	81	59	3'50"	54	8.5	1.85	7.2	58	41	14.8	120	17.3	13.6	23
	78	57	3'54"	52	8.6	1.80	7.1	55	39	13.2	111	18.8	14.4	21
	75	54	3'58"	49	8.7	1.75	6.9	52	37	11.6	102	20.2	15.3	18
及格	72	52	4'03"	48	8.8	1.73	6.8	51	36	10.5	98	21.0	16.0	17
	69	50	4'08"	47	8.9	1.69	6.7	48	34	8.8	91	22.1	17.1	16
	66	47	4'13"	46	9.0	1.65	6.5	46	32	7.2	84	23.2	18.2	14
	63	44	4'18"	44	9.1	1.60	6.3	43	29	4.9	75	24.7	19.7	12
	60	41	4'23"	42	9.2	1.54	6.1	40	27	2.7	66	26.2	21.2	10
不及格	50	40	4'30"	41	9.3	1.53	5.9	39	26	2.2	62	27.0	21.6	9
	40	38	4'37"	40	9.5	1.50	5.6	38	24	1.3	55	28.1	22.3	8
	30	37	4'44"	39	9.7	1.47	5.5	37	23	0.5	49	29.2	22.9	7
	20	36	4'51"	38	10.0	1.44	5.0	35	21	−0.6	40	30.7	23.8	6
	10	34	5'00"	36	10.2	1.41	4.6	33	19	−1.7	31	32.2	24.7	4

高中三年级男生评分标准

等级	单项得分	肺活量体重指数	1 000m跑	台阶试验	50m跑/s	立定跳远/m	掷实心球/m	握力体重指数	引体向上/次	坐位体前屈/cm	跳绳(次/min)	篮球运动/s	足球运动/s	排球垫球/次
优秀	100	83	3′27″	74	6.2	2.63	14.2	94	25	22.5	195	8.8	6.6	45
	98	82	3′28″	72	6.3	2.62	13.8	93	24	22.1	190	9.2	6.8	44
	96	81	3′31″	71	6.4	2.60	13.2	92	23	21.6	182	9.8	7.2	41
	94	80	3′33″	69	6.5	2.59	12.6	90	22	21.0	174	10.5	7.6	39
	92	79	3′35″	66	6.6	2.57	11.8	88	21	20.2	164	11.3	8.0	36
	90	78	3′39″	64	6.7	2.55	11.0	87	20	19.5	153	12.2	8.5	33
良好	87	76	3′42″	62	6.8	2.53	10.8	85	19	18.6	148	12.6	8.8	32
	84	74	3′45″	60	7.0	2.49	10.4	82	18	17.2	140	13.1	9.2	30
	81	72	3′49″	58	7.2	2.45	10.1	80	17	15.8	133	13.7	9.6	28
	78	70	3′53″	56	7.5	2.40	9.6	76	16	13.9	122	14.5	10.2	25
	75	67	3′58″	53	7.7	2.35	9.1	73	15	12.1	112	15.2	10.7	22
及格	72	65	4′05″	52	7.8	2.32	8.9	71	14	10.9	107	15.8	11.0	21
	69	63	4′12″	51	7.9	2.28	8.4	67	13	9.2	99	16.8	11.5	19
	66	60	4′19″	50	8.0	2.23	8.0	64	12	7.4	91	17.7	12.0	17
	63	57	4′26″	48	8.2	2.17	7.5	60	11	5.0	81	19.0	12.6	15
	60	53	4′33″	46	8.3	2.11	6.9	55	10	2.7	70	20.2	13.2	12
不及格	50	52	4′40″	45	8.4	2.10	6.7	54	8	2.1	66	21.0	13.6	11
	40	51	4′47″	44	8.5	2.07	6.4	52	7	1.2	60	22.3	14.1	10
	30	49	4′54″	43	8.7	2.04	6.1	50	6	0.3	54	23.5	14.6	8
	20	47	5′01″	42	8.8	2.01	5.7	48	5	−1.0	45	25.2	15.3	6
	10	45	5′08″	40	9.0	1.97	5.4	46	4	−2.2	37	26.8	16.0	4

高中三年级女生评分标准

等级	单项得分	肺活量体重指数	800m跑	台阶试验	50m跑/s	立定跳远/m	掷实心球/m	握力体重指数	引体向上/次	坐位体前屈/cm	跳绳(次/min)	篮球运动/s	足球运动/s	排球垫球/次
优秀	100	68	3'24"	70	7.4	2.05	8.2	72	52	21.0	185	11.4	7.5	40
	98	67	3'27"	69	7.5	2.04	8.1	71	51	20.7	179	11.7	8.0	39
	96	66	3'29"	67	7.6	2.03	8.0	70	50	20.1	170	12.2	8.8	36
	94	65	3'32"	65	7.7	2.01	7.9	68	49	19.6	161	12.8	9.6	34
	92	64	3'35"	62	7.9	1.99	7.8	67	47	18.9	148	13.5	10.7	31
	90	63	3'38"	59	8.0	1.97	7.6	65	45	18.2	136	14.2	11.7	28
良好	87	62	3'42"	58	8.1	1.95	7.5	63	44	17.4	132	14.9	12.1	27
	84	60	3'46"	56	8.2	1.91	7.4	61	43	16.2	125	16.0	12.7	25
	81	58	3'50"	54	8.3	1.87	7.3	59	41	14.9	119	17.1	13.4	23
	78	56	3'54"	52	8.4	1.82	7.2	56	39	13.3	111	18.6	14.2	21
	75	54	3'58"	49	8.5	1.77	7.0	53	38	11.7	102	20.0	15.1	18
及格	72	52	4'03"	48	8.6	1.74	6.9	51	36	10.6	98	20.8	15.8	17
	69	50	4'08"	47	8.7	1.70	6.8	48	35	8.9	92	21.9	16.9	16
	66	48	4'13"	46	8.8	1.67	6.6	46	33	7.2	86	23.0	18.0	14
	63	44	4'18"	44	8.9	1.61	6.4	42	30	5.0	78	24.5	19.5	12
	60	41	4'23"	42	9.0	1.56	6.2	39	28	2.7	71	26.0	21.0	10
不及格	50	40	4'30"	41	9.2	1.54	6.0	38	27	2.2	66	26.8	21.4	9
	40	39	4'37"	40	9.4	1.52	5.7	37	26	1.5	59	27.9	22.1	8
	30	38	4'44"	39	9.6	1.49	5.5	35	24	0.8	52	29.0	22.7	7
	20	36	4'51"	38	9.9	1.45	5.1	33	23	−0.2	42	30.5	23.6	6
	10	35	5'00"	36	10.2	1.42	4.7	31	21	−1.2	33	32.0	24.5	4

倡 议 书

放下手机,走出宿舍,奔向操场,加强体育运动

亲爱的同学们:

作为当代青年,我们应有朝气蓬勃的精神面貌和强健的体魄,应该积极向上,奋发有为,明确自己的历史责任与担当。然而,最新的全国学生体质与健康调研结果表明,我国在校学生身体素质呈现下降趋势,多数学生存在网络依赖性,课余时间"宅"在宿舍,很少参加体育运动及课外活动。

为了增强体质,减少网络依赖性,作为技师学院的学子,我们应该积极行动起来,放下手机,走出宿舍,奔向操场,积极锻炼,拥抱青春。在此,我们向广大同学发起如下倡议:

(1)放下手机,远离游戏,关心时政,乐观向上。不再沉迷于网络世界,回到现实中,与朋友、同学、老师密切交流,加强沟通。

(2)走出宿舍,参与多种多样的课外活动,培养情趣、熏陶素质、锻炼能力。积极加入学生社团或兴趣小组,在各项活动的组织中增长自己的才干。

(3)奔向操场,组织参与各项体育锻炼运动,强健体魄、提升体能、增强合作。加强体育锻炼意识,展现青年学子青春健康的精神风貌。

同学们,我们正值青春年少,应该珍惜韶华,体验青春。让我们放下手机,走出宿舍,奔向操场,向着丰富多彩的社团活动、激情无限的健身运动出发,拥抱健康的生活方式,为自己的学生生活书写不一样的多彩经历,不做宅男宅女,让社会见证最阳光的你!

安徽滁州技师学院体育工作委员会

参 考 文 献

[1] 黄汉升,等.体育科学研究方法[M].北京:高等教育出版社,1999.

[2] 王崇喜.球类运动——足球[M].北京:高等教育出版社,2002.

[3] 李鸿江.田径[M].北京:高等教育出版社,2002.

[4] 张然.排球技术、战术训练法[M].北京:人民体育出版社,1976.

[5] 武术教材编写组.武术[M].北京:高等教育出版社,1996.

[6] 国家学生体质健康标准解读编委会.国家学生体质健康标准解读[M].北京:人民教育出版社,2014.

[7] 王家宏.球类运动——篮球[M].北京:高等教育出版社,2002.

[8] 金钦昌,等.学校体育学[M].北京:高等教育出版社,1994.